ATLAS

... HISTORIQUE

... MULLER,

... DE LOUVAIN.

... HISTOIRE UNIVERSELLE.

Paris   Leipzig

... Commissionnaire

RUE ... ...   GLASSTRASSE 34.

... ... ÉDITEURS,

Bruxelles

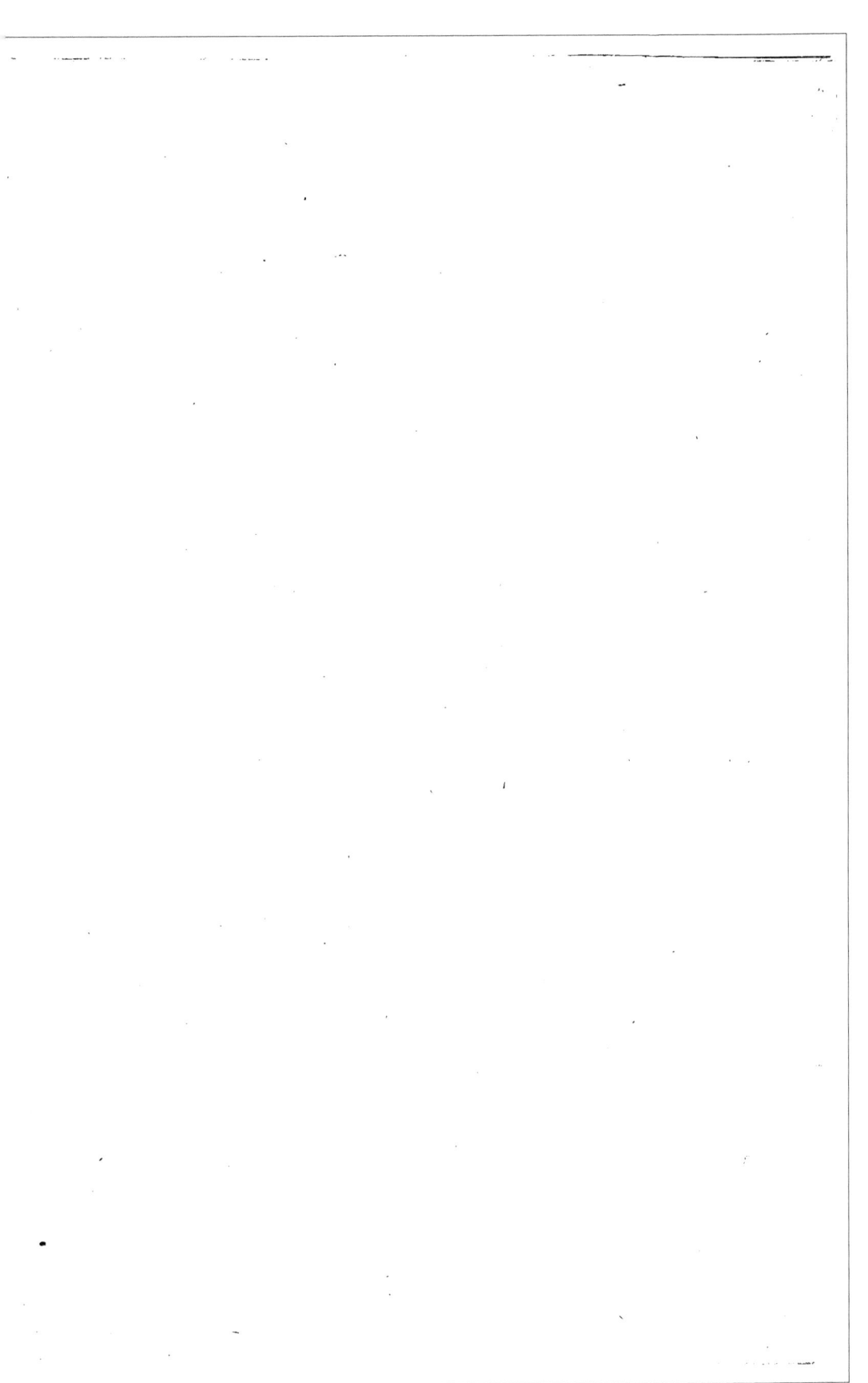

G

ATLAS

DE

GÉOGRAPHIE HISTORIQUE

PAR

JEAN MOELLER,

PROFESSEUR A L'UNIVERSITÉ CATHOLIQUE DE LOUVAIN.

ADAPTÉ A SON COURS D'HISTOIRE UNIVERSELLE.

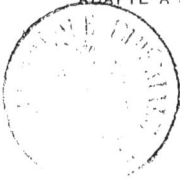

Paris   Leipzig

P.-M. Laroche, Libraire-Gérant,   L.A.Kittler, Commissionnaire,

RUE BONAPARTE, 66.   QUERSTRASSE, 34

CALLEWAERT FRÈRES, ÉDITEURS,

Bruxelles.

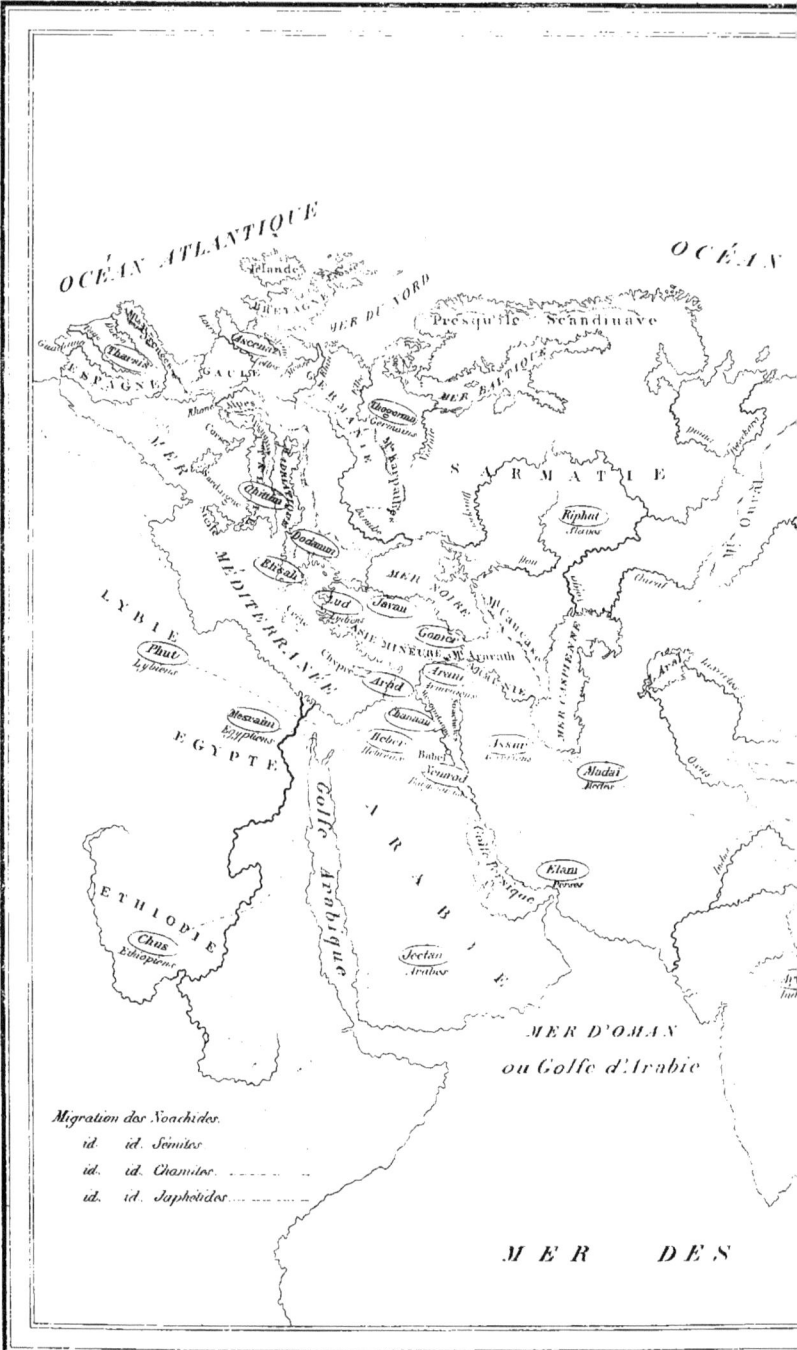

OCÉAN ATLANTIQUE

OCÉAN

Islande

BRETAGNE

MER DU NORD

Présqu'île Scandinave

GERMANIE

MER BALTIQUE

ESPAGNE

GAULE

Tharsis

Thogorma
Germains

SARMATIE

MER D'OURAL

MÉDITERRANÉE

Riphat
Paphlag.

MER NOIRE

Dodanim

Chittim

Elisah

Lud

Javan

Gomer

ASIE MINEURE

Ararath

LYBIE

Arpd

Aram

Phut
Lybiens

Mesraïm
Égyptiens

Heber
Hébreux

Assur
Assyriens

EGYPTE

Babel

Nemrod

Madaï
Mèdes

Golfe Arabique

ÉTHIOPIE

Élam
Perses

Chus
Éthiopiens

ARABIE

Jectan
Arabes

Golfe Persique

MER D'OMAN
ou Golfe d'Arabie

Migration des Noachides.
    id.   id. Sémites
    id.   id. Chamites _____
    id.   id. Japhétides _____

MER   DES

AMÉRIQUE

Détroit de Behring

Iles Aléoutiennes

CIAL

B E R I E

Magog

Indiguirka

Lena

Gog

MER D'OKOTSK
OU DE TARRAKAI

Henoch
Mongols

Thyras
Tarense

Chinois

MER DU JAPON

JAPON

MONGOLIE

Thubal

Hoangho
ou Fl. jaune

MER JAUNE

GRAND OCÉAN

BET

aya

Brahmapoutre

N   D   E   S

lfe du
ngale

MER DE LA CHINE

E S

BORNEO

Dépos.

CHINE.

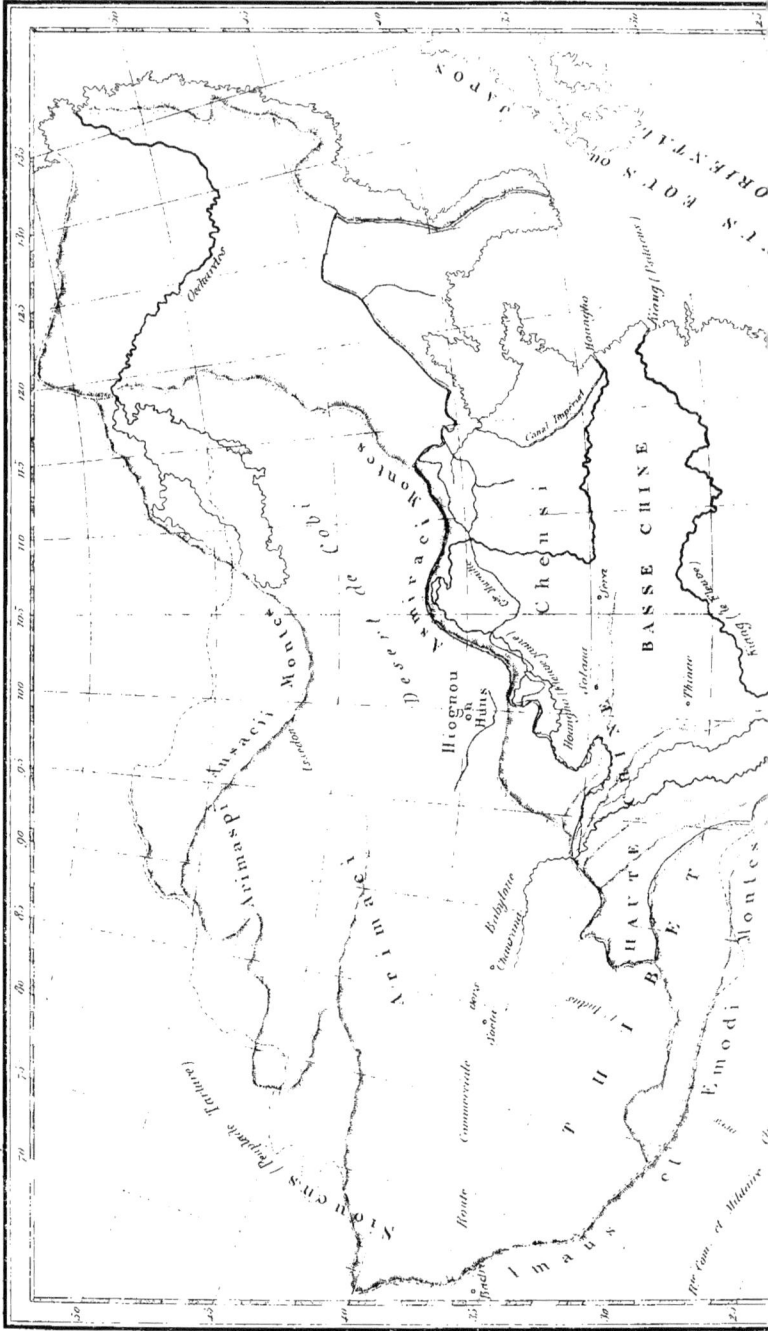

BASSE CHINE

HAUTE

T H I B E T

Emodi Montes

Imaus

Sionous (Peuples Tartares)

Arimaspi Montes

Anzaci Montes

Désert de Cobi

Asmiraei Montes

Hiognou ou Huns

Chensi

Canal Impérial

Hoangho

Commercede

Babylone

Oxus

Orthospance

INDE.

No III.

CHINE

Sinus Sinarum

SINAE

Sinus Magnus

Aurea Chersonesus (Ophir)
(Presqu'île de Malacca)

Route Commerciale

Insulæ Fortunæ

Sabaracus Sin.

Route Commerciale

Ambastus

Laniæ

Besinæ

Sinus Gangeticus

Route Commerciale

Benarea

Route Commerciale

Mt. Himalaya

Route des Brusicns

Taprobane (L'atdie)
Insula

Dachinabades

Pandionis regio
(Pays de Pandion)

Rte. Commerciale

MARE INDICUM

ARABIA

Gédrosie

Parapomixus

Arachosie

Route Commerciale

RENVOI.
I. Assacani.
Mas. Massagæ
II. Musicani.
III. Oxicani.

CARMANIE

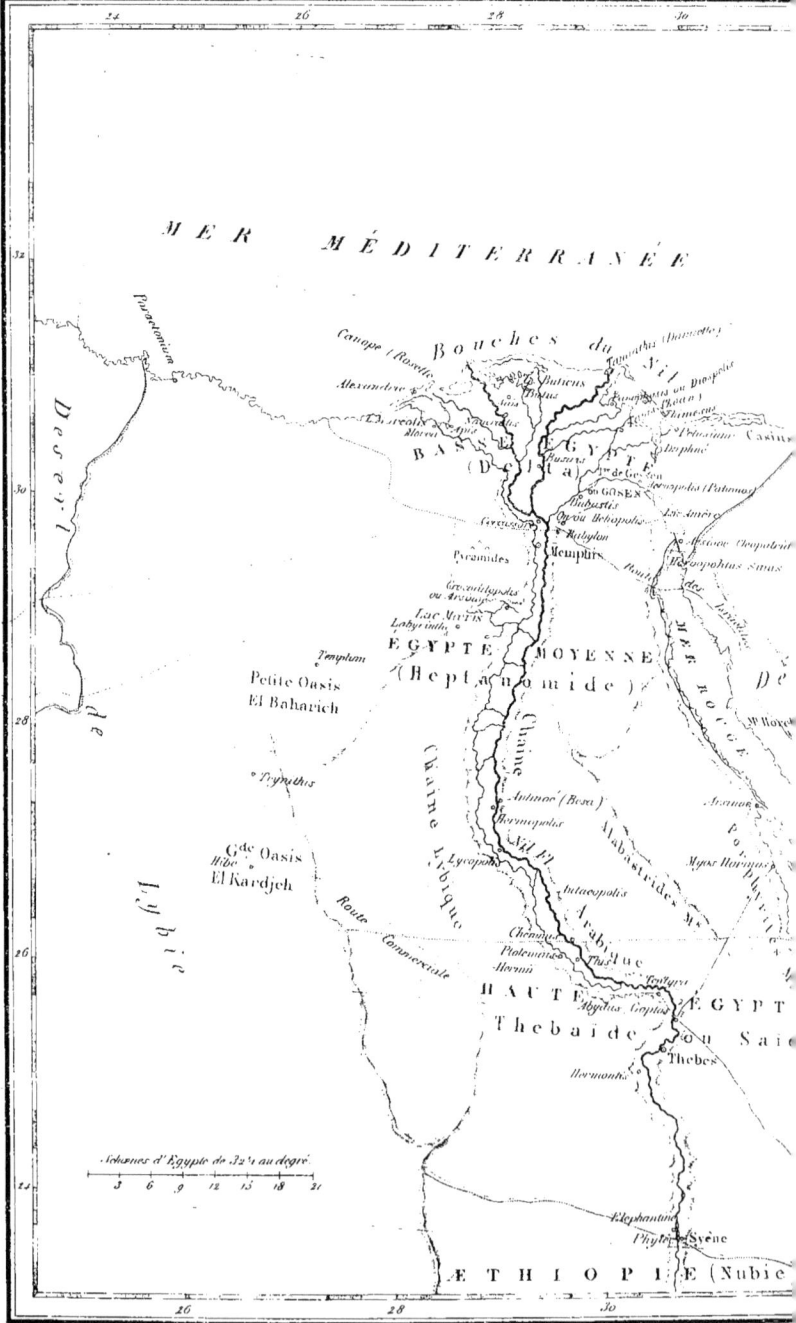

ÉGYPTE.

MER MÉDITERRANÉE

Desert

Oasis d'Ammon

Paraetonium

Canope (Rosette)
Bouches du Nil
Alexandrie
Tamiathis (Damiette)

Péluse ou Diospolis

BASSE ÉGYPTE (Delta)

Butéos
Saïs
Nicrolis
Mareotis
Buziris
Ghana-cut
Pelusium Casium

Tre de Gessen
GOSEN
Bubastis
Oniou Heliopolis
Héliopolis (Pithom)
Babylon

Cercasore
Pyramides
Memphis
Héroopolites sinus

Crocodilopolis ou Arsinoé
Lac MOERIS
Labyrinthe

ÉGYPTE MOYENNE
(Heptanomide)
Templum

Petite Oasis
El Baharieh

Tryphitis

Antinoé (Bésa)
Hermopolis
Alabastrides
Myos Hormos

Chaîne Libyque
Lycopolis
Nil Fl.
Arabique
Antaeopolis

Gde Oasis
Hibé
El Kardjeh

Route Commerciale

Chaîne Arabique

Chemmis
Ptolemais
Thinis
HAUTE ÉGYPTE
Abydus Coptos
Thebaïde ou Saïd
Thebes

Hermonthis

Schoenes d'Égypte de 32's au degré.
3 6 9 12 15 18 21

Elephantine
Phylae Syène

ÆTHIOPIE (Nubie)

Etabt Géographique de .... et ...... Bruxelles

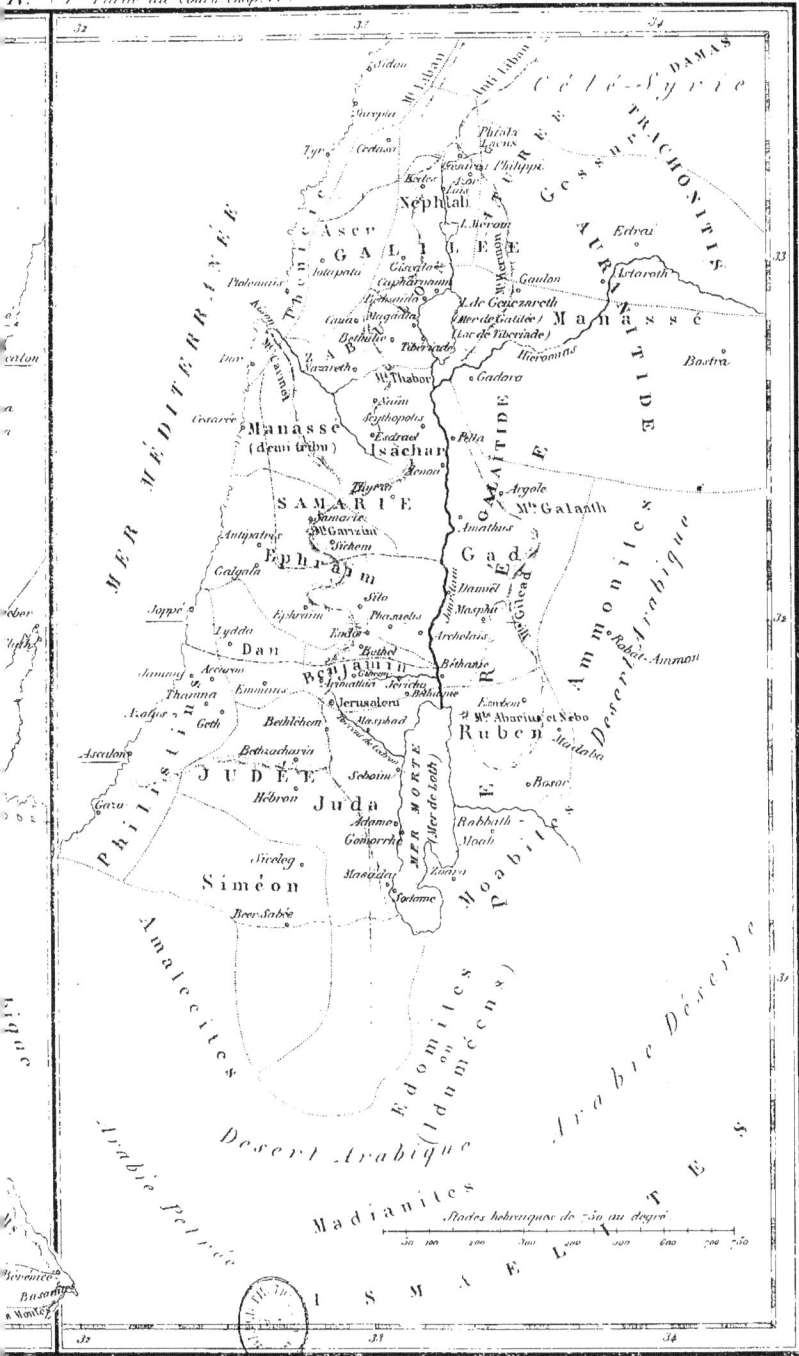

Célé-Syrie

DAMAS

TRICHONITIS

Gessur

AURANITIDE

Sidon

Sarepta

Tyr · Cedasa

Phiala Lacus

Cesarea Philippi

Kedes

Neron

Nephtali

L. Merom

Edrai

Astaroth

G A L I L É E

Gaulon

Giscala

Capharnaum

Ptolemais · Jotapata

Cason · Magdala

L. de Génezareth

Mer de Galilée
(Lac de Tiberiade)

M a n a s s é

Bethulie · Tiberiade

Hieromax

Bostra

Nazareth

M*t* Thabor

Gadara

Dor

Cesarée

Manassé
(demi tribu)

Naim

Scythopolis

Esdrael

Isachar

Pella

Arnon

Thyrsa

M*t* Galanth

S A M A R I E

Argole

Samarie

M*t* Garizim

Amathus

Antipatris

Sichem

G a d

Galgala

É p h r a ï m

Joppé

Silo

Ramoth

Ephraim

Phanuelis

Maspha

Lydda

Rador

Archelais

Jamnia · Accaron

D a n

Bethel

Béthanie

Thamna · Emmaüs

B e n j a m i n

Jerusalem

Maspha

A-calas · Geth

Bethléem

Ascalon

Bethzacharia

Seboim

Rabbath-Ammon

Désert Arabique

Madaba

R u b e n

M*t* Abarius et Nebo

Basor

Gaza

J U D É E

J u d a

Hébron

Adame

Rabbath-
Moab

Sareleg

Gomorrhe

Masada

Zoara

Sodome

S i m é o n

Beer-Sabée

Amalécites

Édomites
(Iduméens)

Arabie Déserte

Désert Arabique

Arabie Pétrée

Madianites

Stades hébraïques de 750 au degré

50 100 200 300 400 500 600 700 750

SARMATES

PONT EUXIN (MER NOIRE)

MER CASPIENNE

Dioscurias

Mts Caucasus

Caucasiae

Albania

Cabala

Albanus

Aba

Phasis

Colchide

Iberie

Albanie

Pylae

Cyrus

ASIE MINEURE

Araxais R.

Harmozica

Armavia

Artaxat

Naxuana

Araxes Fl.

Mts Caspius

Echatana Ada (Phraaspa)

Asaa

Zadra-Carta

Hy

Vers Sardes

Mts Taurus Phyle

Armenie

Mt Ararat

Teurunocerta

Mt Niphates

Tigranocerta

Mts Gordyena

Thebarma

Guza Lac Spauta

Petite Medie ou Atropatène

Amardus Fl.

Mts Cononus

Edessa

Mt Masius

Tigris

Gaugamela

Ninus

Caprus R.

Mts

Raguey

Carrve ou Charran

Ur

Nisibis

Arbela

ASSYRIE

Grande Medie

Echatane

Eddana

Plaine

Raven

Cale

MESOPOTAMIE

Lycus R.

MEDIE

Rme DE GESSUR

Charchemis ou Circesium

Sennaar

SYRIE

Euphrate

Arabie Désserte

Palmyre

Rme DE DAMAN

Mur de Semiramis

Rhacha

Seleucie ou Bagdad Ctesiphon

Cunaxa

Babel ou Babylone

Cosseens

Susiane

Elymais

Mts Parach

Suse

Apadans

BABYLONIE

Digba ou Ammée

PARATA

Chaldée

Uxiens

Arons

Arach

Teridon ou Teridotis

Golfe Persiq

PER

Pas

D

A R A B I E

Route Commerciale des Phéniciens et des Caravanes.

Phylé, Eddana, Ouaracta, Colonies ou Comptoirs des Phéniciens.

Vers Saba

Gerrha

Etablt Geographique de C. Collewaert frères, Bruxelles.

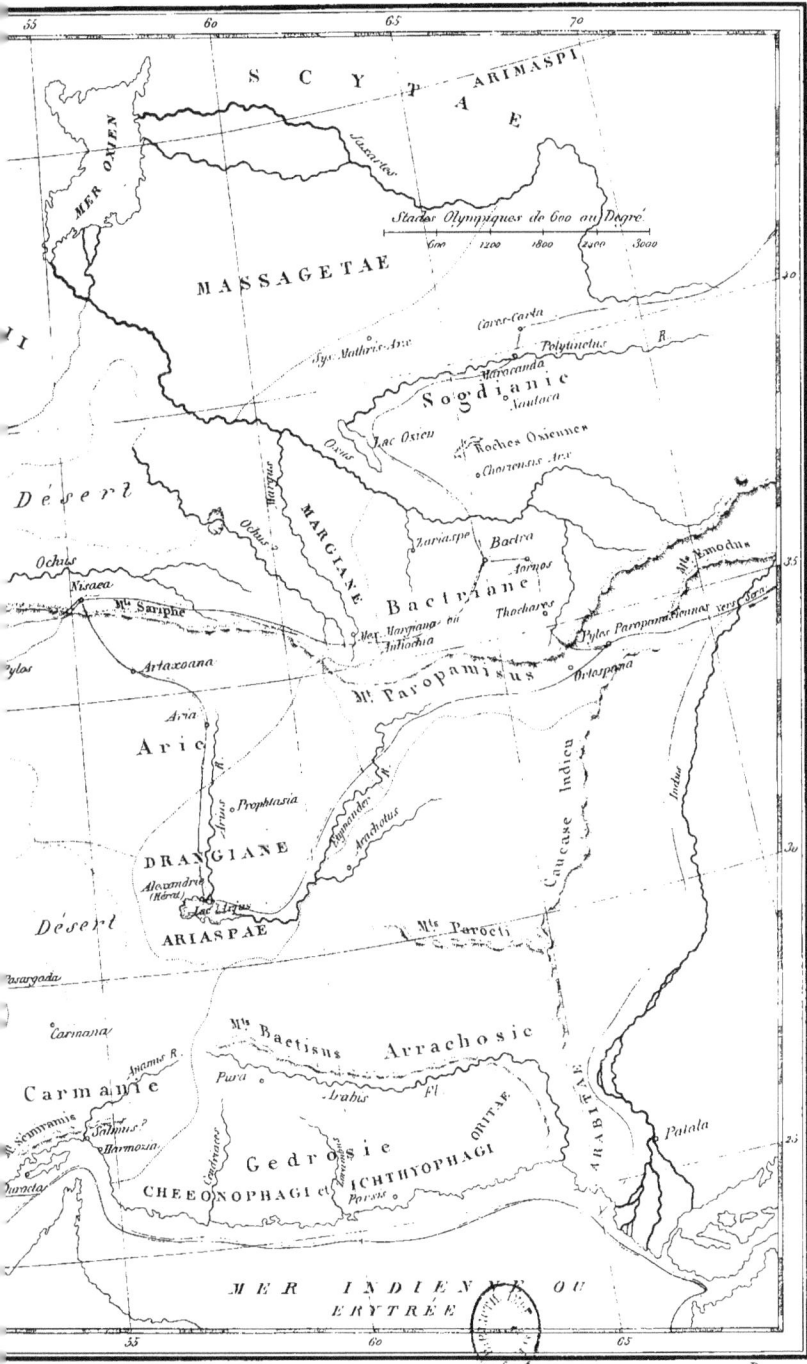

55   60   65   70

S C Y P
A R I M A S P I
A
E

MER OXIEN

Jaxartes

MASSAGETAE

Stades Olympiques de 600 au Degré.

600   1200   1800   2400   3000

Cares-Carta

Sys. Mithris Arx

Polytimelus   R.

Sogdianie

Maracanda

Nautaca

Lac Oxien

Roches Oxienne

Oxus

Chorrensis Arx

Désert

Jaxartes

Ochus ?

Ochus

Margiane

Zariaspe

Bactra

Nisaea

M.ᵗˢ Sariphe

Jarnos

M.ᵗ Imodus

Artaxoana

Bactriane

Thochares

Mer. Margiana ou

Antiochia

Pyles Paropamiennes vers Sud

Aria

Arie

M.ᵗ Paropamisus

Ortospana

Caucase Indieu

Indus

Prophtasia

Drangiane

Erymander

Arachotus

Alexandrie

(Héral)

Lac Aria

DRANGIANE

M.ᵗˢ Parocti

Désert

ARIASPAE

Pasargoda

Carmana

M.ᵗˢ Baetisus   Arrachosie

Pura

Carmanie

Anamis R.

Arabis

Sy

ARABITAE

Semiramis

Salmus ?

Gedrosie

ORITAE

Patala

Harmozia

Gedrosia

Perarda

CHEEONOPHAGI et   ICHTHYOPHAGI

Parus

MER   INDIENNE   OU
ERYTRÉE

55   60   65

Depose

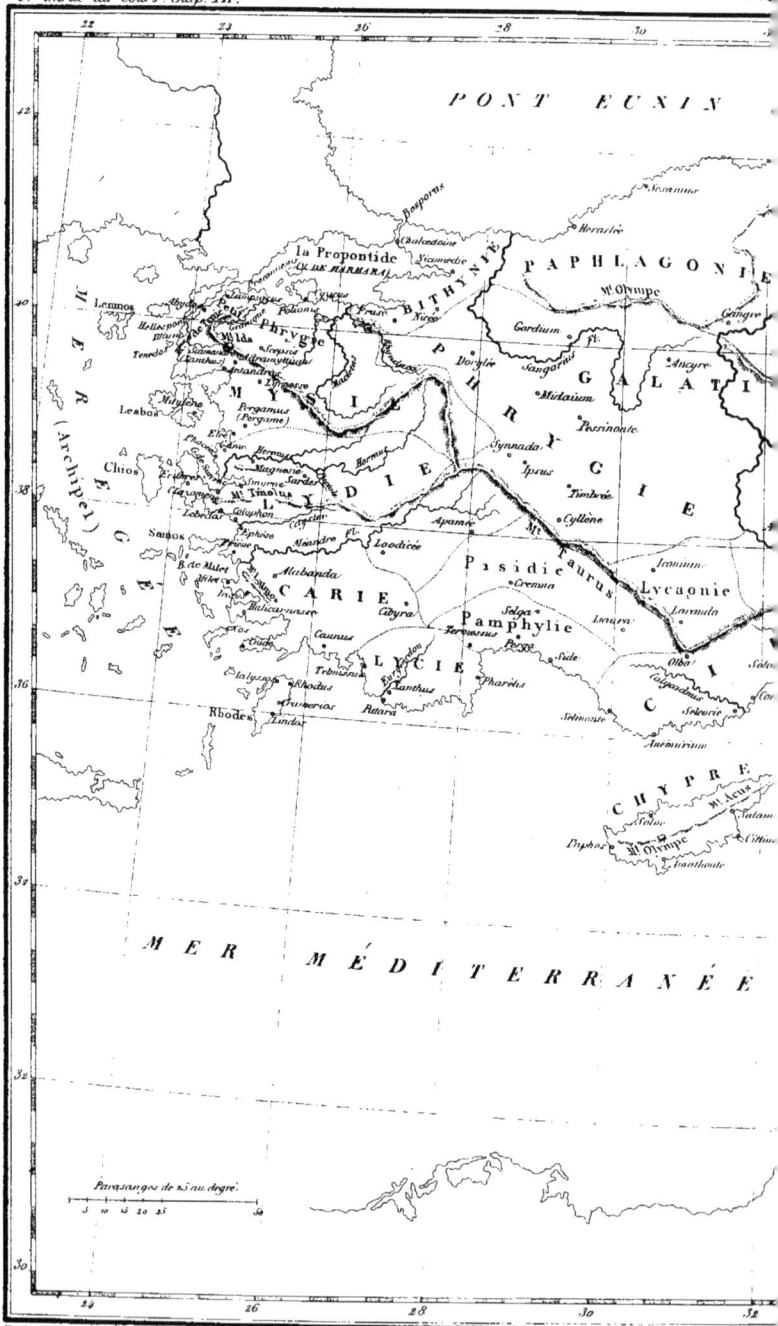

PONT EUXIN

PAPHLAGONIE

la Propontide
(L. DE MARMARA)

BITHYNIE

Mt Olympe

Gangre

MER

Lemnos

PHRYGIE

Gordium

GALATI

Midaïum

Pessinonte

Ancyre

MYSIE

PHRYGIE

Pergamus
(Pergame)

Lesbos

Synnada

Ipsus

Timbrie

Cyllène

Chios

Mt Tmolus

LYDIE

LYDIE

Apamée

Mt Taurus

Iconium

Samos

Loodicée

Pisidie

Lycaonie

Laranda

CARIE

Cibyra

Cremna

Isaura

Alabanda

Halicarnassus

Caunus

Pamphylie

Termessus

Salga

Olba

C

LYCIE

Xanthus

Perge

Sidé

Seleucie

Rhodus

Rhodes

Patara

Selinonte

Anemurium

CHYPRE

Mt Acus

Solce

Mt Olympe

Paphos

Anathoute

MER AGÉE (Archipel)

MER MÉDITERRANÉE

Parasanges de 25 au degré.

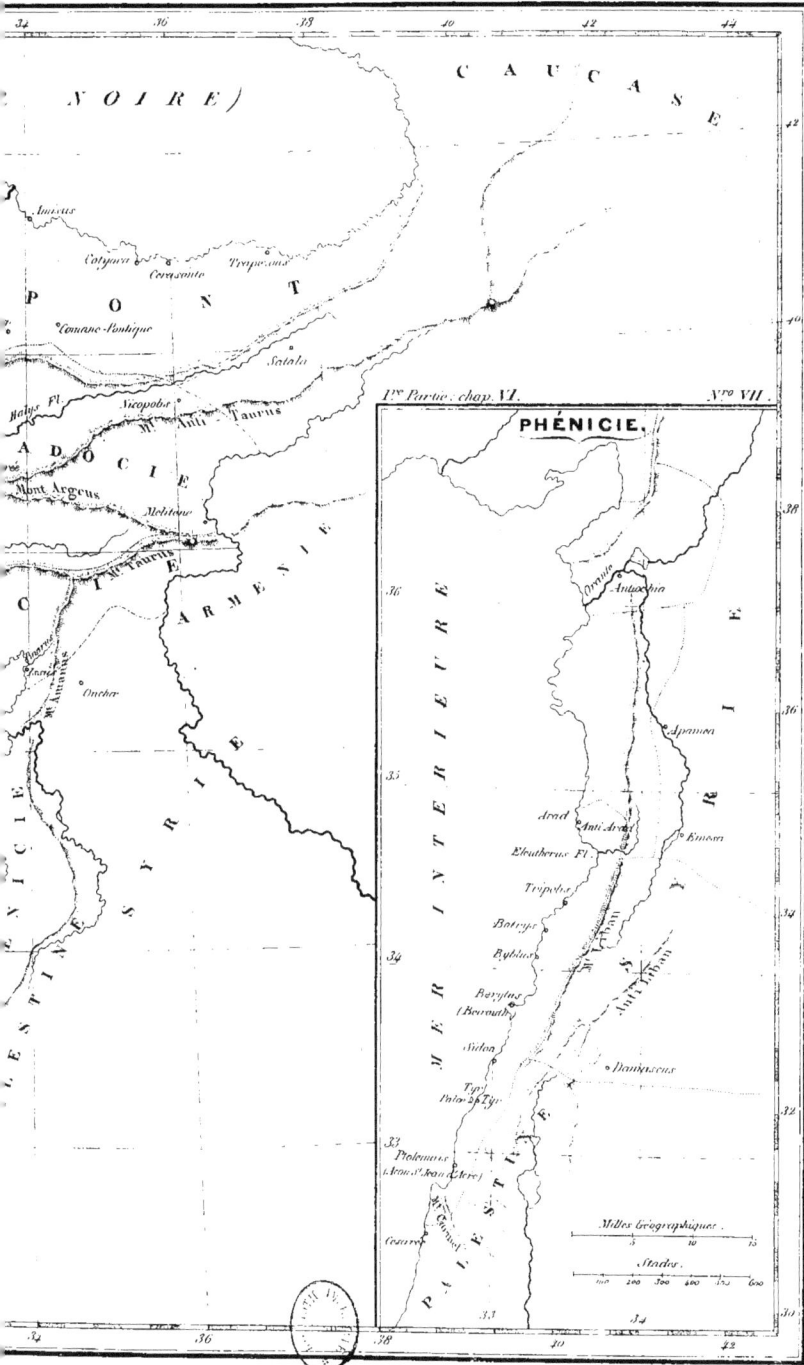

PHÉNICIE.

1.ʳᵉ Partie, chap. VI.

N.º VII.

Map labels (Carte VIII):

(MER NOIRE)

CAUCASE

Amisus
Cotyora
Cerasonte
Trapezous
P O N T
Comano-Pontique
Satala
Halys Fl.
Nicopolis
M.ᵗˢ Anti-Taurus
C A P P A D O C I E
Mont Argeus
Melitene
M.ᵗ Taurus
A R M É N I E
M.ᵗ Amanus
Oncha
Issus
C O M A G È N E
S Y R I E
P A L E S T I N E
P H É N I C I E

Carte VII — PHÉNICIE:

Orontc
Antioche
Apamea
Arad
Anti-Arad
Emesa
Eleutherus Fl.
Tripolis
Botrys
Byblus
Berytus
(Beyrouth)
Sidon
Tyr
Palæo-Tyr
Ptolemaïs
(Jean S.ᵗ d'Acre)
Césarée
M.ᵗ Liban
Anti-Liban
Damascus
M E R   I N T É R I E U R E
S Y R I E
P A L E S T I N E
M.ᵗ Carmel

Milles Géographiques.
5   10   15

Stades.
100   200   300   400   500   600

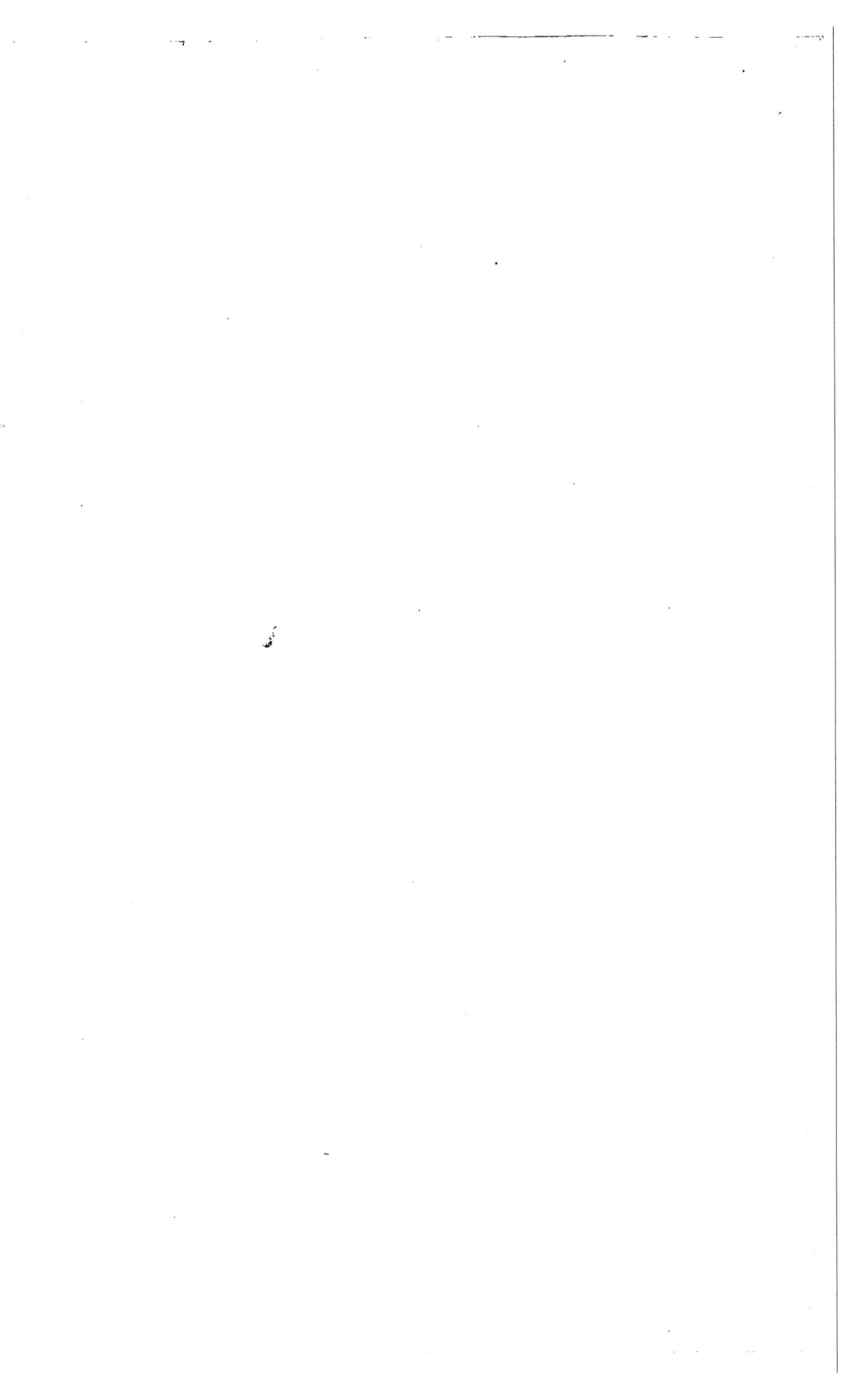

Scythie d'Europe

Forteresses de D

Bras ythious

de Darius

contre

tes

Ister (Danube)

Expédition

Chersonèse
Taurique

Palus
Méotide

SARMATES

Macédoine

Thrace

Pont Euxin
(MER NOIRE)

Bosphore
Propontide
Chalcédoine

Heraclée
Sesamus

Sinope

Amisus

Colchide
Caucase
Ibérie
Albanie

MER

M. Ida

Mt Olympe

Cerasonte

Cotyora

Trapezonte
(Trébizonde)

Satala

Armenie

Mts Niphates

Mt Caspius

Phrygie

Mt Taurus

Armene

Elvaraik

Rhodes

Iles Cyanéennes
ou Rochers Cyanéens

Chypre

Paphos

MER MÉDITERRANÉE

Edesse

Carra

Nisibe

Gaugamèle

Arbela

Mésopotamie

l'Assyri

Babylonie

Ruines de Ninive

Ctésiphon

(Bagdad)

Thapsaque

Palmyre

Damas

Babel ou Babylone

Péluse

Palestine

Jericho
Jérusalem

Memphis

A

R

A

B

I

Égypte

Thèbes

Golfe d'Arabie

ÉTHIOPIE

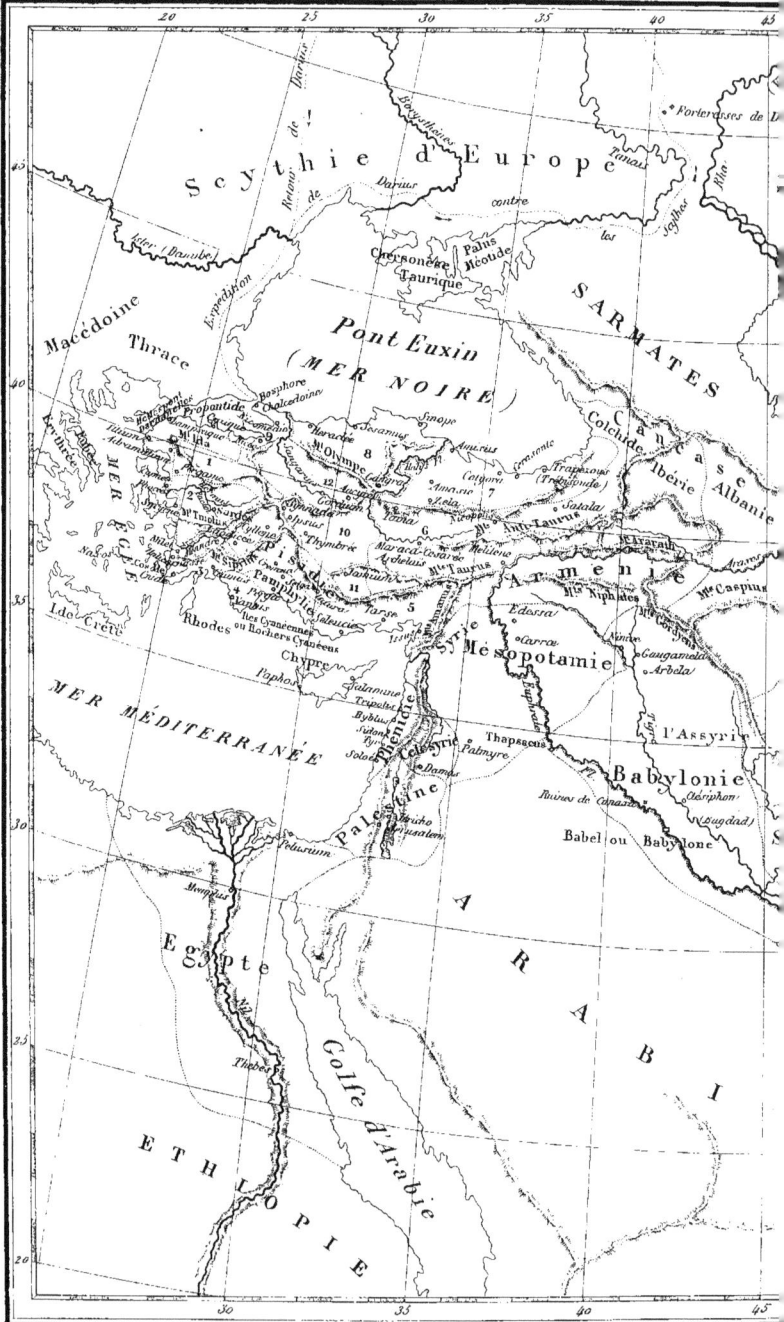

Etabt Géographique de C Callewaert frères Bruxelles.

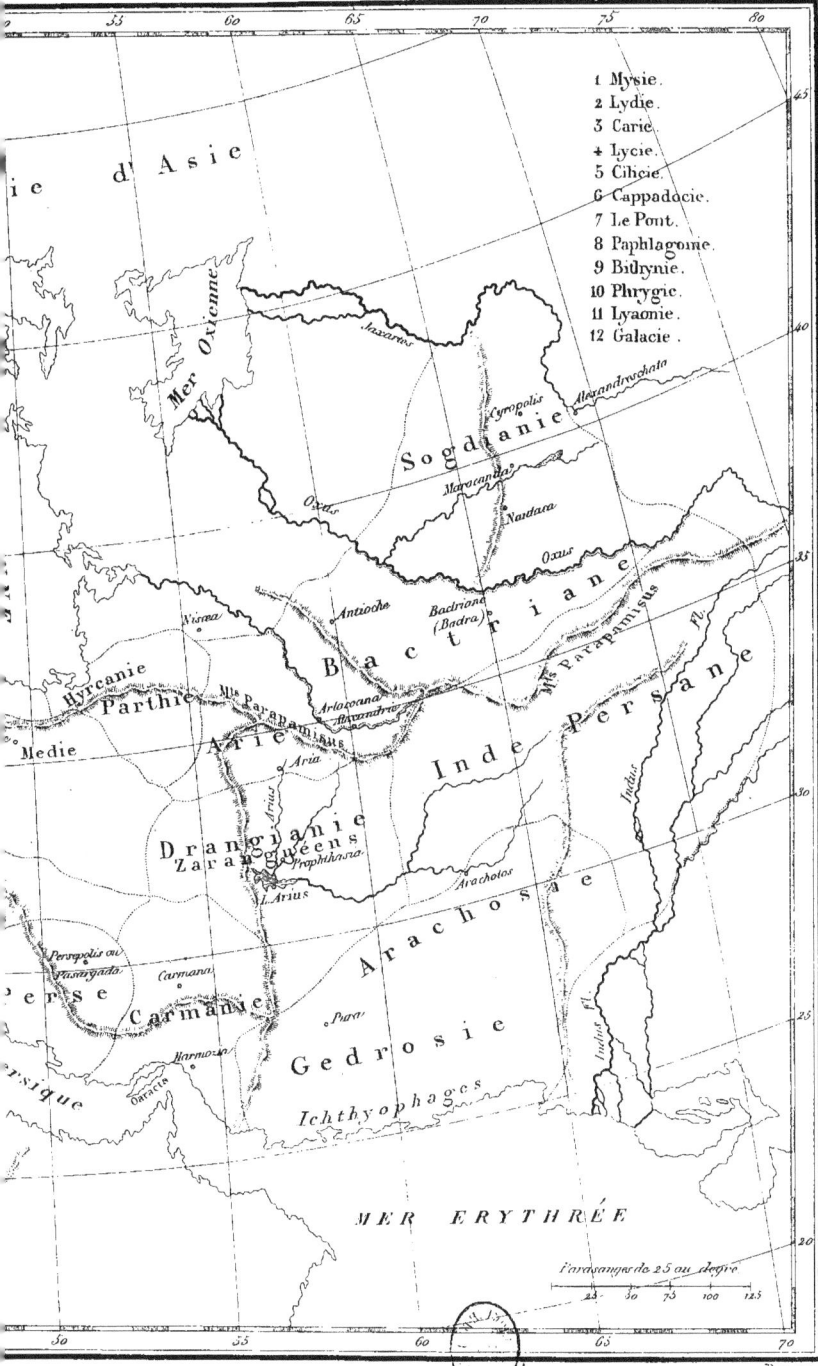

1 Mysie.
2 Lydie.
3 Carie.
4 Lycie.
5 Cilicie.
6 Cappadocie.
7 Le Pont.
8 Paphlagonie.
9 Bithynie.
10 Phrygie.
11 Lycaonie.
12 Galacie.

ie d' A s i e

Mer Oxienne

Jaxartes

Cyropolis   Alexandrechata

S o g d i a n i e

Oxus   Marocanda

Nautaca

Oxus

B a c t   r   i   a   n   e

Nisœa   Antiocha   Bactriana
(Badra)

Hyrcanie   Mts Paraoamisus

Parthie   Ariaspana   M.ts Parapamisus

Aria   Artacoana
Alexandria

Medie   Aria   I n d e   P e r s a n e

Indus

D r a n g i a n i e
Z a r a n g   œ e n s
Prophthasia

L. Arius   Arachotos

A r a   c   h   o   s   a   e

Persepolis ou
Pasargada   Carmana

se   Carmanie   Pura

Harmozia   G e d r o s i e   Indus Fl.

isique   Oaracta   I c h t h y o p h a g e s

M E R   E R Y T H R É E

l'arasanges de 25 au degre

25   50   75   100   125

50   55   60   65   70

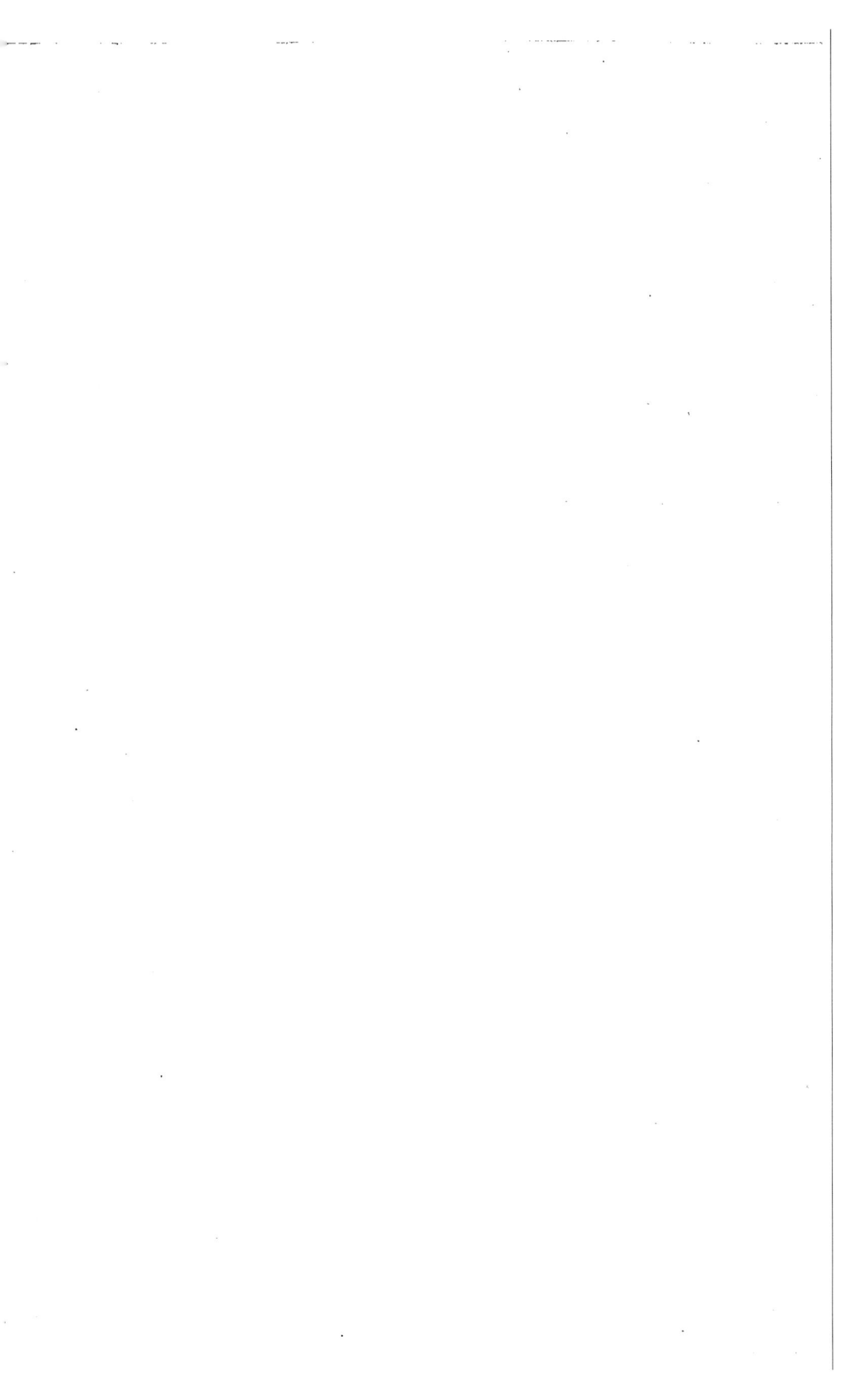

LA GRÈCE ANCIENNE

ILLYRIE

MACÉDOINE

MER ÉGÉE

Mt Camunie

Mt Olympe

Perrhébie

Piérie

Pélasgiotide

Thessaliotide

Phtiotide

Molosside

Thesprotie

Chaonie

ÉPIRE

DOLOPIE

Ambracie

ACARNANIE

ÉTOLIE

LOCRIDE ORIENT.

LOCRIDE OCCIDENT.

Histiée

MER

ÎLE DES PHÉACIENS

CORCYRE

Leucadie

ATTIQUE

PÉLOPONÈSE

ÉLIDE

ACHAÏE

ARCADIE

ARGOLIDE

CORINTHIE

LACONIE

MESSENIE

Golfe Saronique

Golfe d'Argolide

Golfe Laconique

Golfe Messenique

Golfe de Corinthe

MER MÉDITERRANÉE

MER IONIENNE

Cythère

Cythnos

Céphalénie

Zacynthe

Mégaride

Élusis

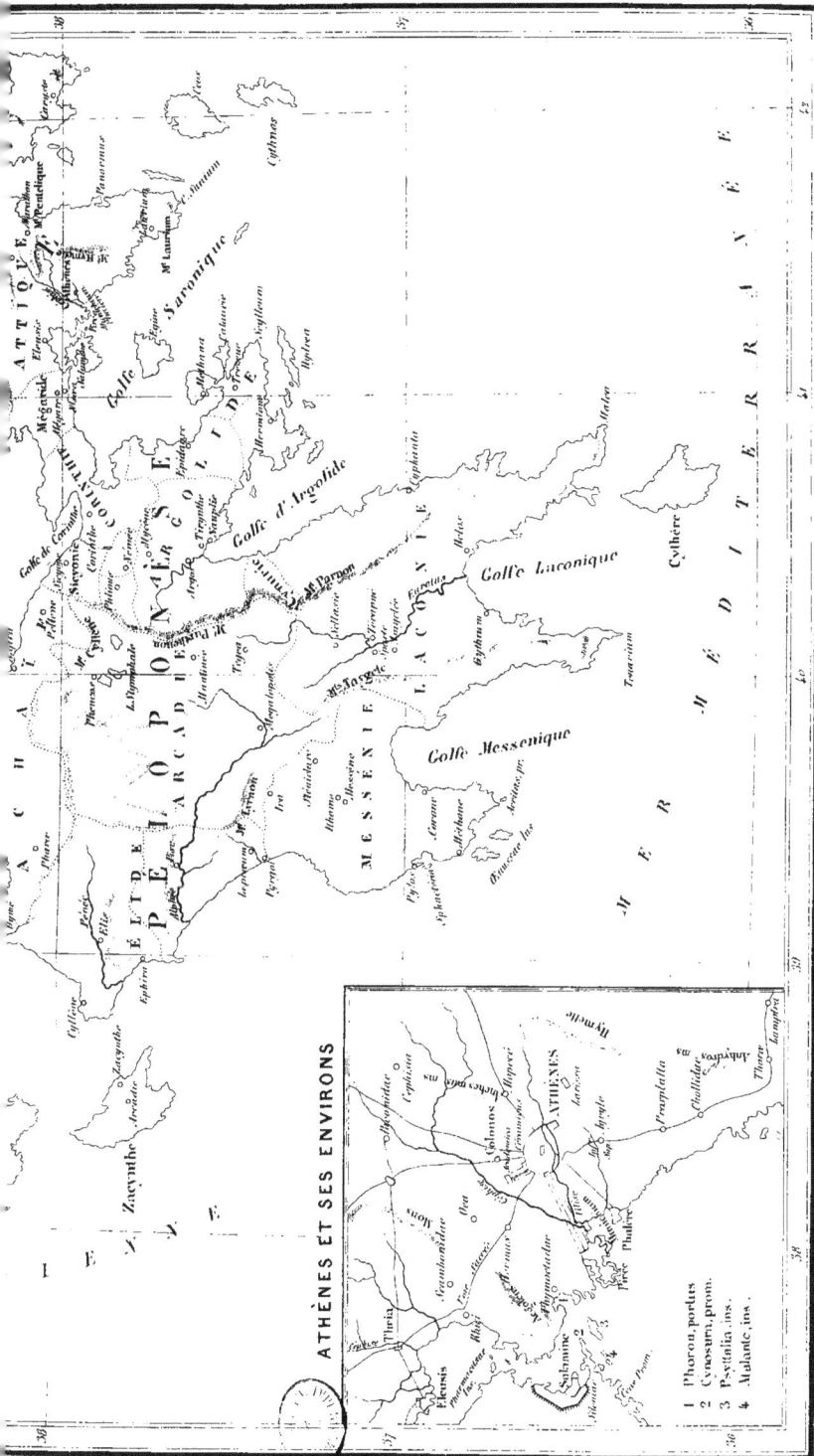

ATHÈNES ET SES ENVIRONS

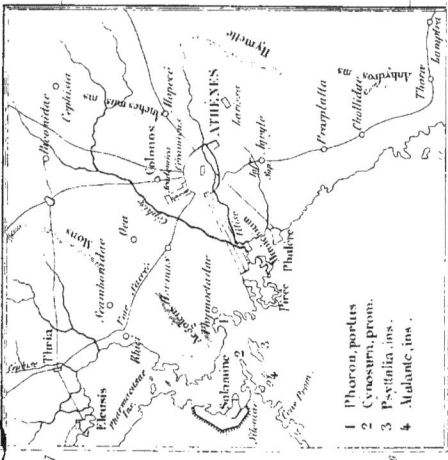

ATHÈNES

1 — Pharon, portus
2 — Cynosura, prom.
3 — Psittalia, ins.
4 — Mulante, ins.

Etab. Géographique de Ch. Vandermaelen frères Bruxelles.

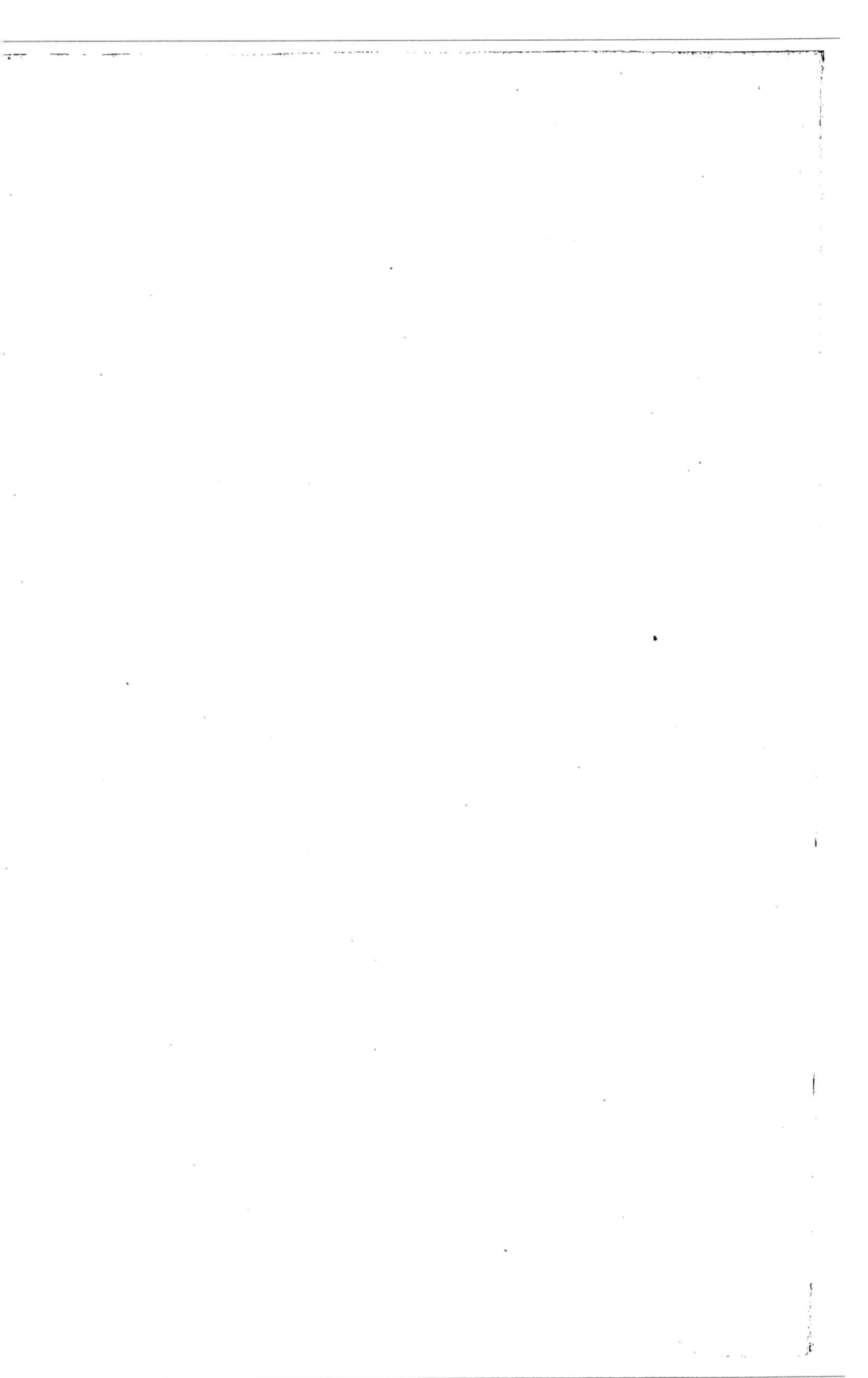

LA GRÈCE ET L'ORIENT.

IIᵉ Partie du Cours, Chap. I-IV.

THRACE

Propontide

MYSIE

MER

PÆONIE

MACÉDOINE

Mygdonie G. Strymonique

Chersonèse

Chalcidique

Sithonie

Acte Mᵗ Athos

Pallène

G. Thermaïque

Emathie

Piérie

Mᵗ Olympe

Mᵗ Ossa

ILLYRIE

Mᵗ Lacmon

Mᵗ Accrocérauniens

Chaonie

Molosses

Thesprotie

ÉPIRE

Mᵗ Pinde

THESSALIE

Pélasgiotide

Phthiotide

Dolopie

Lemnos

Lesbos

Chios

MER IONIENNE

Céphallénie

CARIE

Doride

Cnique

Astipalée

Carpathus

Casos

RHODES

SPORADES

Rhodes

Patmos

Archipelen

Anaphe

Thera

Naxos

Paros

Milo

Siphnos

Melos

Mt Ida

Criuasse

CRÈTE

CYCLADES

SARONIQUE

PÉLOPONÈSE

C. Laconique

C. Malée

G. Messénique

Messénie

Cythère

Etab.t Géographique de C.Callewaert frères, Bruxelles.

Déposé.

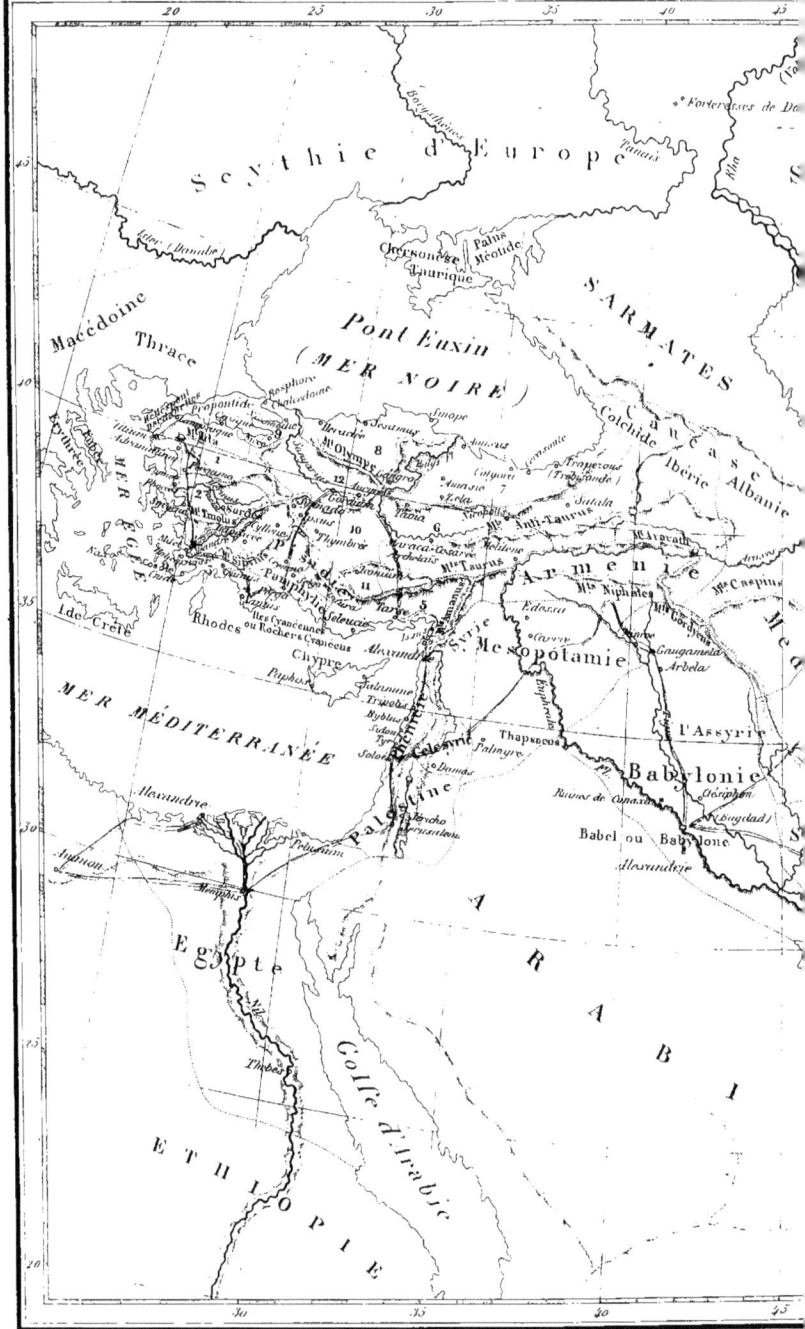

L'EMPIRE D'ALEXANDRE LE GRAND

Scythie d'Europe

SARMATES

Macédoine

Thrace

Pont Euxin
(MER NOIRE)

Colchide

Caucase

Ibérie

Albanie

MER ÉGÉE

Arménie

Mts Taurus

Mts Caspius

Ide Crète

Rhodes ou Rochers Cyanéens

Chypre

Paphos

MER MÉDITERRANÉE

Syrie

Mésopotamie

Gaugamela

Arbela

l'Assyrie

Babylonie

Babel ou Babylone

Alexandrie

Palestine

Jéricho
Jérusalem

Alexandrie

Ammon

Memphis

Égypte

A

R

A

B

I

Thèbes

Golfe d'Arabie

ÉTHIOPIE

Marche d'Alexandre.

1 Mysie.
2 Lydie.
3 Carie.
4 Lycie.
5 Cilicie.
6 Cappadocie.
7 Le Pont.
8 Paphlagonie.
9 Bithynie.
10 Phrygie.
11 Lycaonie.
12 Galacie.

d' Asie

Mer Oxienne

Jaxartes

Sogdiane

Cyropolie   Alexandreschata

Maracanda

Nautaca

Oxus

Oxus

Bactriane

Alexandrie.
(Antioche)

Bactriane
(Bactra)

Alexandrie

Mts Paropamisus

Fl.

Hyrcanie

Parthie

Mts Paropamisus

Artacoana

Medie

Arie

Alexandrie

Aria

Alexandrie

Inde Persane

Indus

Hydaspe Fl.

Caretacène

Drangiane

Zarangéens

Prophthasia

Alexandrie

Arachotos

Hypanis Fl.

L. Arius

Arachosie

Inde
Maritime

Alexandrie

Persepolis ou
Pasargada

Carmana

Perse

Carmanie

Pura

Gedrosie

Indus Fl.

Harmoza

Ichthyophages

Persique

Oaracta

MER   ERYTHRÉE

Parasanges de 25 au degré
25   50   75   100   125

Medie

Degose

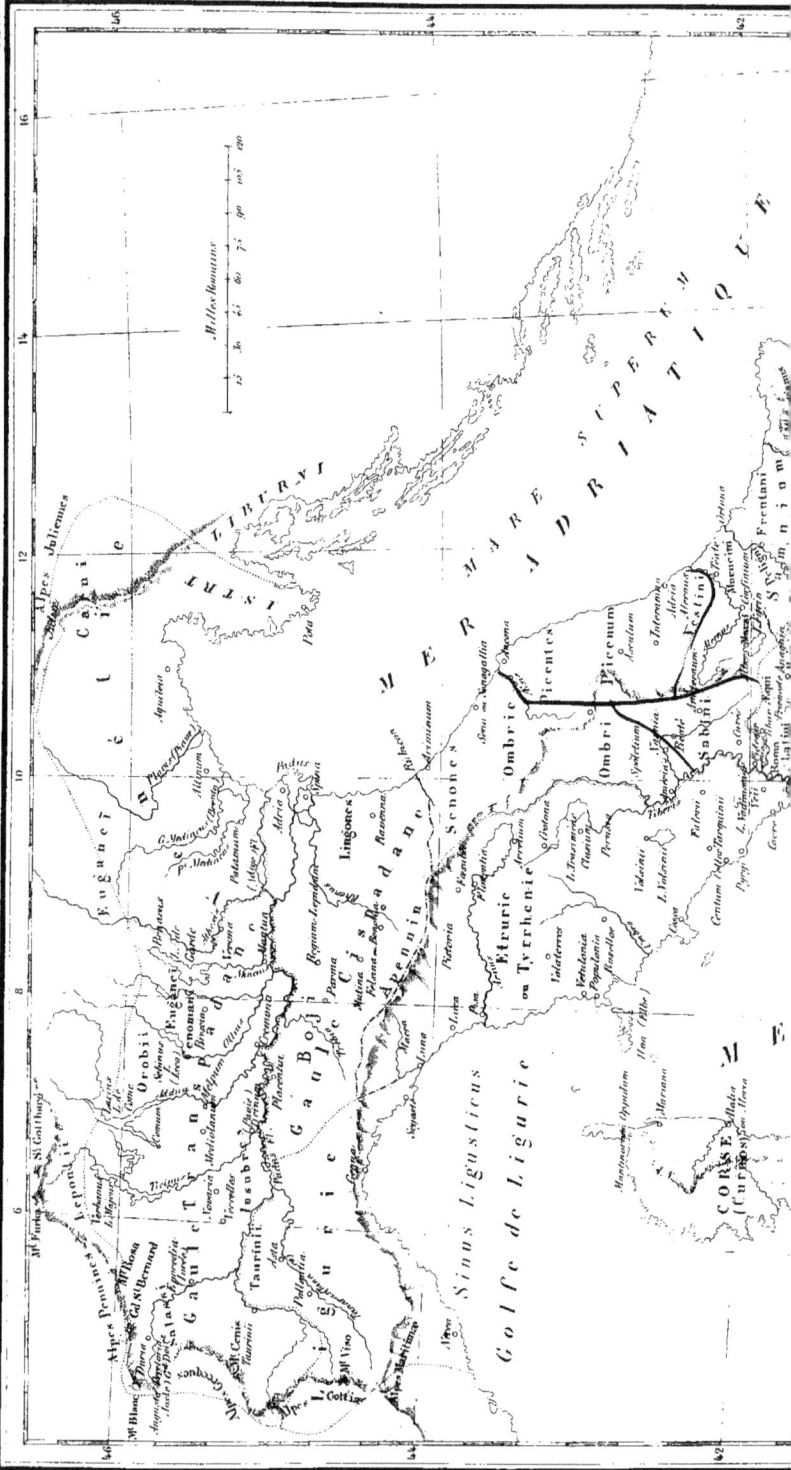

L'ITALIE ANCIENNE
SICILE, SARDAIGNE, CORSE.

IIIᵉ Partie du Cours Chap. Iᵉʳ

Milles Romains

MARE SUPERUM ADRIATIQUE

MER ADRIATIQUE

CARNIE

ISTRI

LIBURNI

Alpes Juliennes

Venetie

Euganei

Alpes Pennines
Mt Blanc
Col St Bernard
Mt Cenis
Alpes Cottiennes
Mt Viso
Alpes Maritimes

Gaule Transpadane

Gaule Cispadane

Boïi
Senones
Lingones

Apennin

Etrurie ou Tyrrhenie

Ombrie

Ombri

Sabini
Picentes
Picenum

Frentani

Sinus Ligusticus

Golfe de Ligurie

CORSE
(Cyrnos)

MER

Golfe de Tarente

Tarentinus Sinus

Calabrie

Bruttium

MER IONIENNE

MER INFERUM

TYRRHÉNIENNE

MER MÉDITERRANÉE ou INTÉRIEURE

SICILE
ou Trinacrie

Strongyle (Stromboli)

Lipara

Pachynium prom

SARDAIGNE (Sardo)

Siculense

Numidie

G. d'Utique
Carthage
Tunis (Tunis)

Etab.t Géographique de C. Callewaert frères Bruxelles

ROME
(ESPAGNE , GAULES ,

PLAN DE ROME ANCIENNE

Septentrio
Via Flaminia
Porta Flaminia
Vaticanus M.
Porta Septimiana
Porta Aurelia
Janiculum M.
Porta Portuensis
Via Portuensis
Tiberis
Aventinus M.
Thermae Antonini
Thermae Diocletiani
Thermae Constantini
Viminalis M.
Porta Esquilina
Porta Nævia
Via Appia
Porta Capena
Via Claudia
Via Ostiensis

MARE CANTABRICUM
Lucus Asturum   Cantabres
M. Pindus
Lucus Augusti
Marius Minho
Bracara
Cale
Pallantia
Clunia
Segovia
Salmantica
(Salamanque)
Contrebia
Munti
Toletum
Scalabia
HISPANIA ULTERIOR
Olisipo
Augusta Emerita
(Merida)   Anas
Ebora   (Guadiana)
M. Marianus
Corduba
Hispalis
Gades
Malaca
Fretum Gaditanum
Calpe   Columnae
Abyla   Herculis

OCEANUS   BRITANNICUS
Britannia prima
GALL...
Pictones
Santones
Mediolanum
(Saintes)
Burdigala
Bordeaux

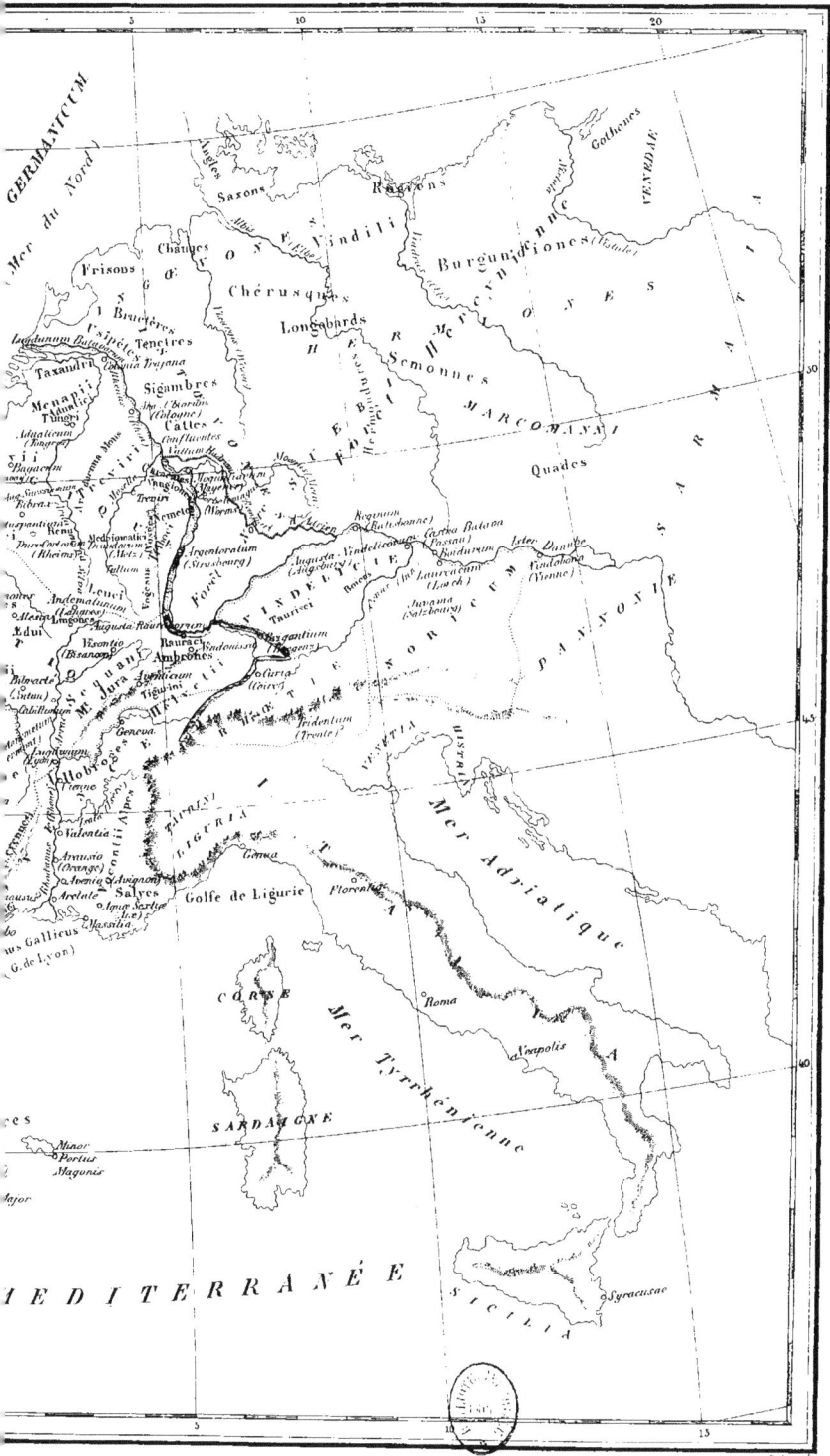

GERMANICUM

Mer du Nord

Jutes

Saxons

Rugiens

Gothones

VENEDAE

Frisons

Chauques

Elbe

Vindili

Burgundiones (Vistule)

Bructères

Chérusques

Usipètes

Tencteres

Longobards

Semnones

Taxandri

Lugdunum Batavorum

Ulpia Trajana

Sigambres

Cologne

Menapii

Batavorum

Tungri

Confluentes

MARCOMANI

Adgatucum (Tongres)

Vii

Bagacum

Ubii

Quades

Fibrax

Augusta Suessonum

Treviri

Treves

Reginum (Ratisbonne)

Castra Batava

Durocortorum

(Rheims)

Mediomatricum

Metz

Vangiones (Worms)

Argentoratum (Strasbourg)

Passau

Boiodurum

Ister Danube

Vindobona (Vienne)

Leuci

Andemantunum (Langres)

Augusta Rauracum

Augusta Vindelicorum (Augsbourg)

VINDELICIE

Taurisc

Aenus (fluv.)

Laureacum (Lorch)

Juvavum (Salzbourg)

PANNONIE

Bibracte (Autun)

Vesontio (Besançon)

Rauraci

Vindonissa

Brigantium (Bregenz)

NORICUM

Aedui

Mt Jura

Ambrones

Tigurini

Curia (Coire)

ISTRIA

Geneva

Tridentum (Trente)

VENETIA

Allobroges

Vienne

RHAETIE

Valentia

Arausio (Orange)

Avenio (Avignon)

Arelate

Salyes

Aquae Sextiae

Massilia

Golfe de Ligurie

LIGURIA

Genua

Florentia

Mer Adriatique

Gallicus

(G. de Lyon)

CORSE

Roma

Mer Tyrrhénienne

Neapolis

SARDAIGNE

Minor

Portus Magonis

Major

MEDITERRANÉE

SICILIA

Syracusae

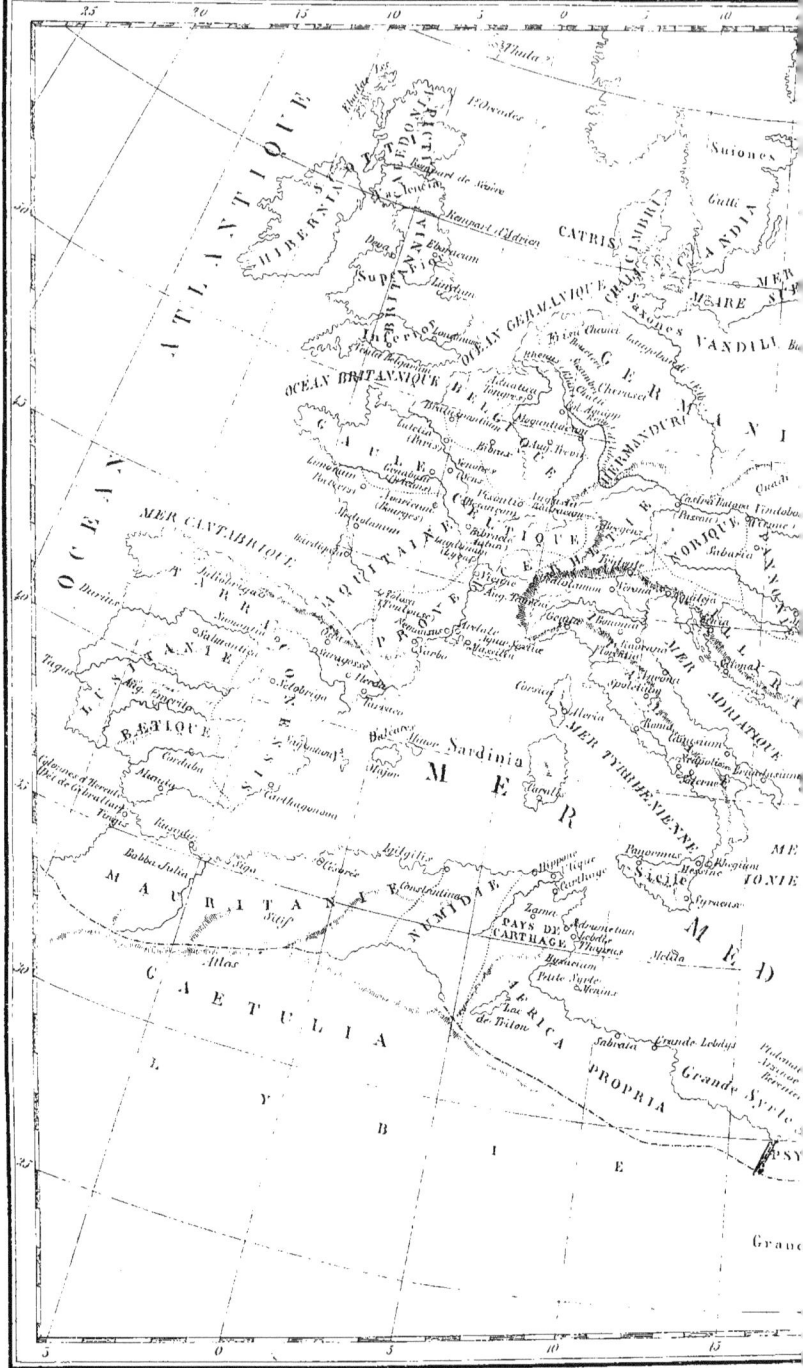

III.ᵉ Partie du Cours Chap. IX à XII .

EMPIRE

Thula

ATLANTIQUE

OCÉAN

HIBERNIE

CALÉDONIE

BRITANNIA

Suiones

Gutti

SCANDIA

CATRIS

MARE

VANDILI

OCÉAN GERMANIQUE

SAXONS

G E R M A N I E

HERMANDURI

OCÉAN BRITANNIQUE

BELGIQUE

GAULE

Lutetia
(Paris)

CELTIQUE

MER CANTABRIQUE

AQUITAINE

NORIQUE

TARRACO

LUSITANIE

Aug. Emerita

BÉTIQUE

Cordaba

Corsica

MER ADRIATIQUE

MER TYRRHÉNIENNE

Colonnes d'Hercule
Dét. de Gibraltar

Balëares

Sardinia

M E R

Carthagocum

MER IONIE

Sicile

Syracuse

MAURITANIE

NUMIDIE

PAYS DE
CARTHAGE

MÉD

GÆTULIA

Petite Syrte

AFRICA

PROPRIA

Grande Syrte

L

Y

B

I

E

25 30 35 40 45 50 55 60

Chium Mare

Ripaei Montes

Hadinus M.ᵗ

HYPERBOREI M.ˢ

M. M.ᵗ

S A R M A T I A

Milles Romains de 7,5 au degré

OAIS

PEUCINI

BASTARNAE

THUS

SARMATAE

Borysthenes

CHE

IBÉRIE

ALBANIE

MER CASPIENNE

Obi

Chersonese Taurique

Arpis

Palus Maeotis

Tanais

oratoria Augusta

P O N T E U X I N

Sinope

Trébisonde

P o n t

Arsabe

Ister (Danube) Leucholis

SIE

Philippopoli

THRA

Bizance

Heraclée

Constantinople

Propontide

Nicomedie

Paphlagonie

Galatie

Ancyre

Bithynie

Sebaste

Archelais

C a p p a d

Mélitene

Amida

Tigranocerta

Arbela

Proconsulat d'Asie

Smyrne

Ephese

Milet

Lycie

Attalia

Cilicie

Seleucie

Tarsus

Issus

Edesse

Mésopotamie

ASSYRIE

THORUM R.

Ecbatane

MER ÉGÉE

Crète

Rhodes

Alexus

Laodicée

Syrie

Antioche

Palmyre

Euphrates

Babylone

Tigris

Susiane

Sura

R R A N É E

Sidon

Tyr

Chanoe

Jérusalem

Palestine

Paraetonium

Alexandrie

Gazae

MARMARICA

IE

E

Pelusium

Elana

Memphis

ARABIE

Oasis d'Ammon

Lybique

Petite Oasis

Arsinoe

Golfe Arabique

Grande Oasis

25 30 35 40

20   15   10   5

MER DU NO

R. DES SCOT

R. DES PICTES

CORNAIGHT ULSTER

HIBERNIE

Shannon LEINSTER

NORTHUMBERLAND

SAXONS TON

MER DU N

Frison

Rhin

Damnonie (Cornouailles)

OUESSEX ESSEX Norwich

LONDON SUSSEX KENT Cantorbery

Tanger

Tongres

OCÉAN ATLANTIQUE

Petite Bretagne

Venetie

R. DES FRANC

Aquitaine

Sephimanie (Goth)

Gallicie

Asturie

Cantabrie

Gascons

Lusitanie

Tarragone

Carthagène

Vandalitie ou Andalousie

Guadalquivir

Carthagène

Provence

BOURGUIGN

Corse

Sardaigne

MÉDIT

Mauritanie

OCÉAN ATLANTIQUE

PEUPLES FINNOIS

Helsigeland

Itnuds Barr

ALAND
Upsala
Siguna

Kyxialabotin

Rugigorod

Novagorod

Wolga

NORWEGE

Goths

MER BALTIQUE

DENMARCK

Oder

Wendes
(Vénètes)

Smolensko

Dnieper ou Donapris

Don

VISTULE

Dniester Danaster

Theiss

HUNS

Goths
Taurique

Taphas

Faxawa
Adriacum
Vindobona
Cucullis
Tiburnia
Drave
Aquileia
Istrie
Noniodunum
Danube
Bereum Constantiana
Chrysona

Slaves
Dalmatie
Singidon
Timanacum
Turris
T. Stum
Tomi
Novæ
Dorostdus
Marianopolis
Odyssus

DACE

Scardona
Ancona
Marque
Naissus
Cirus
Vicepolis

ADRIATIQUE

Berbana
Berva
Mesembria

MER NOIRE

Sinope

Apulie
Apollonia
Stobi
Philippopolis
Apollonia
Adrianopolis
Heraclea
Constantinople
Chalcedon
Nicomedie

Pont

Brundusium
Thessalonique
Philippi

Ilium
Prusa

ASIE

Aulon
Larissa
Delphi
Corcyre
Leucas
Cephalénie

Pergame
Thebes
Euber
Sardes
Smyrne
Laodicee
Iconium

Messana
Rhegium
Tauromenum
Catane
Syracuse
Melita

Zacynthus
Ithaca
Argos
Sparte
Ephese
Milet
Halicarnasse
Myra
Sida

Denea.

IV.ᵉ Partie du Cours ; chap. V et VI.

L'EMPIRE CARO

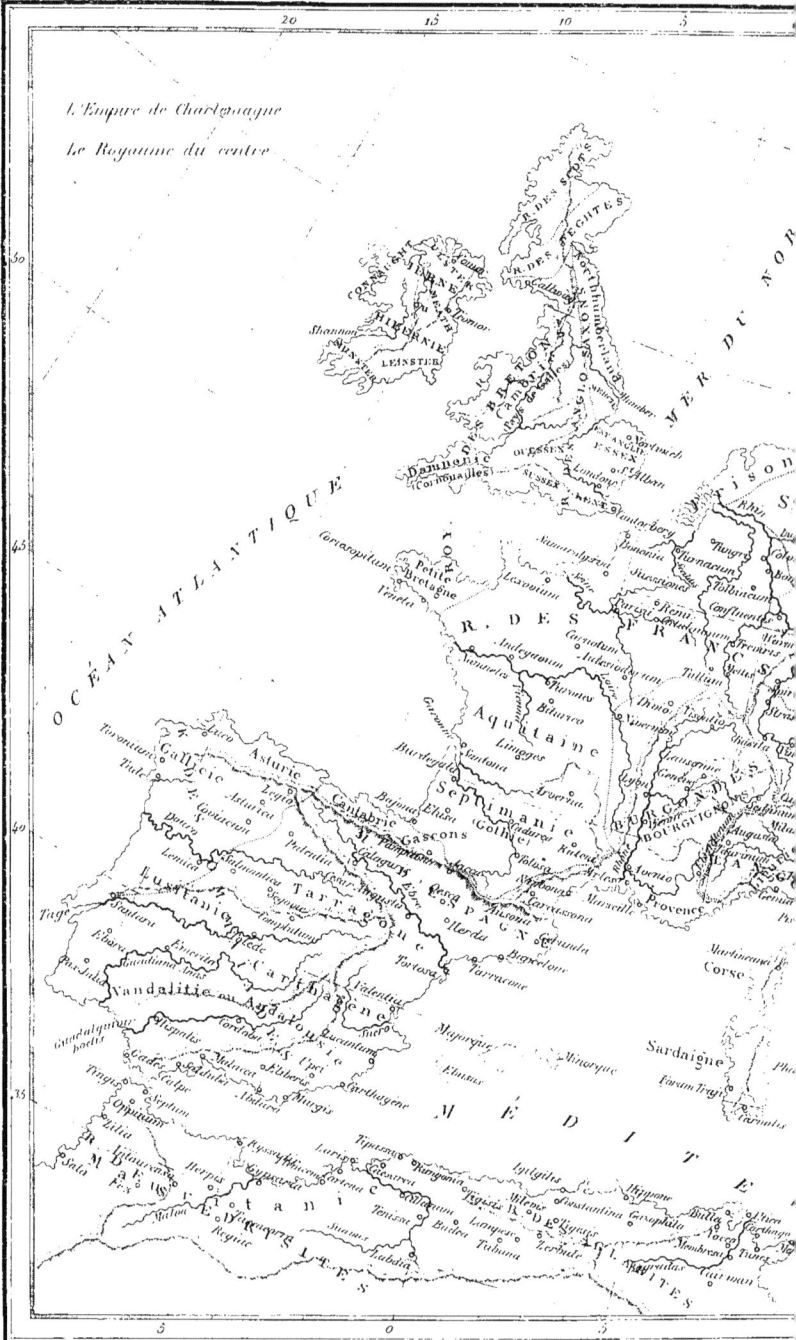

L'Empire de Charlemagne

Le Royaume du centre

OCÉAN ATLANTIQUE

MER DU NOR

CORSE · HIBERNIE · LEINSTER · MUNSTER · Shannon

Damnonie (Cornouailles) · SUSSEX · KENT · S.ᵗ Alban · Londres · ESSEX

Petite Bretagne · Venête

R. DES FRAN

Aquitaine · Linges · Bituriœ

Gallœcie · Asturie · Cantabrie · Gascons

Septimanie (Gothie)

ESPAGNE

Lusitanie · Tarragone

Tage

Vandalitie ou Andalousie · Carthagène

Valentia · Tortosa · Tarracone

Guadalquivir Bœtis · Cordoue · Carthagène

Tingis · Cadix

Corse

Sardaigne

Majorque · Minorque

MÉDITER

Hippone · Constantina · Cæsarea · Bulla

Provence · Marseille · Arles

BOURGOGNE

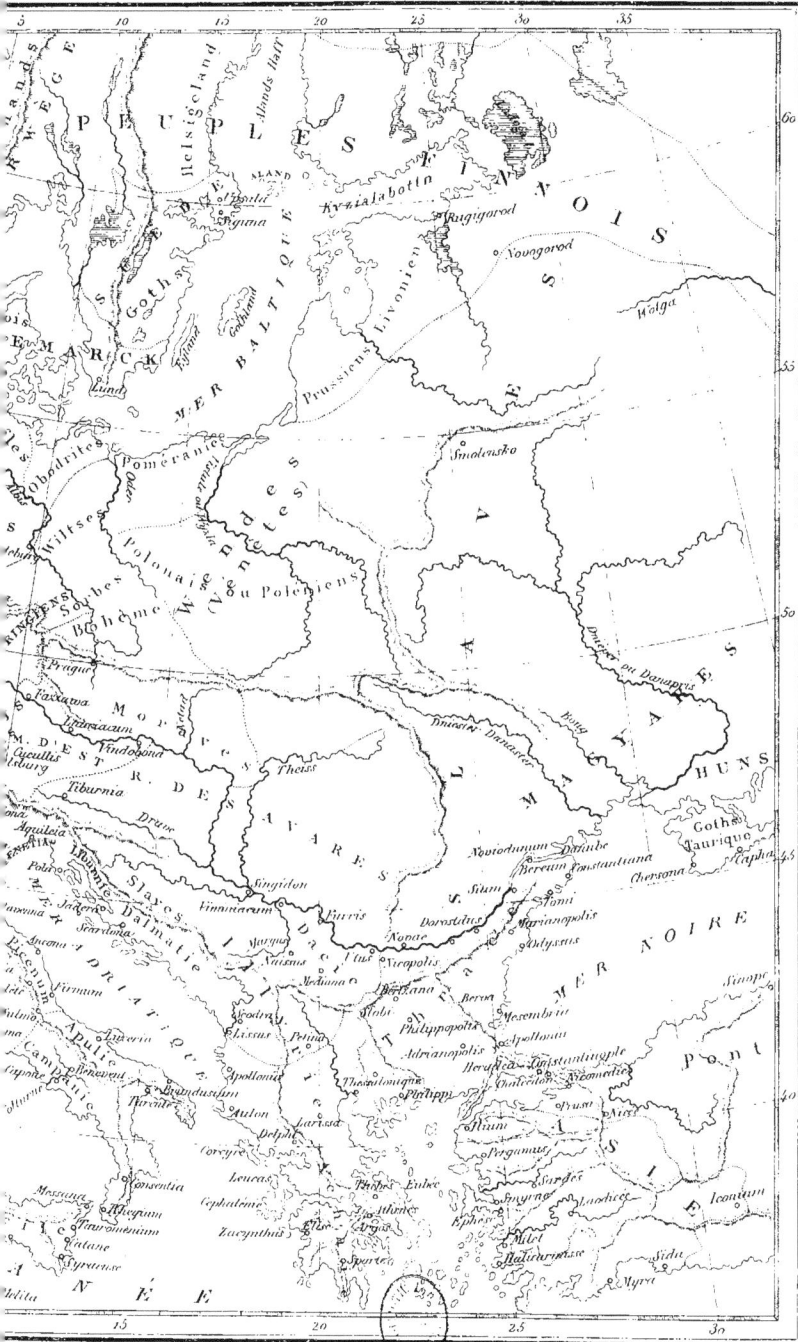

PEUPLES DE FINNOIS

Helsigeland

Ivands Hair

ALAND

Signna

Kvzialabotin

Rugigorod

Novogorod

Goths

MER BALTIQUE

Gothland

Prussiens Livonien

Wolga

DANEMARCK

Lund

Smolensko

Obodrites

Poméranie

Oder

Wendes

SLAVES

Wiltses

Sorbes

Polonais ou Poleniens

Bnieper ou Danapris

Dnieper

Bohême

Prague

Paxaava

Moraves

Bong

AVARES

Maxaacum

Vindobona

M. D'EST

Iburg

Tiburnia

Theiss

Bniester Danastor

HUNS

Goths

Tauriq

Capha

Drave

Illiburnie

Aquilei

Slaves

Dalmatie

Singidon

Viminacium

Curris

Naviodunum

Danube

Bereun Constantiana

Chersona

Iadera

Scardona

Marqus

Da

Dorostulus

Sium

Tomi

Odyssus

Novae

Firmum

Medinna

Nicopolis

Marianopolis

ADRIATIQUE

Apulie

Codru

Lissus

Berua

Mesembria

Philippopolis

Apollonia

MER NOIRE

Sinope

Pinna

Adrianopolis

Heraclea

Constantinople

Nicomedie

Pont

Brundusium

Apollonia

Chalcedon

Apollonia

Thessalonique

Philippi

Ilium

Prusa

Aulon

Larissa

Delphi

Pergamus

ASIE

Corcyre

Leucas

Thèbes

Eubee

Sardes

Smyrne

Laodicée

Iconium

Consentia

Messana

Rhegium

Cephalenie

Athènes

Ephese

Sida

Tauromenium

Zacynthus

Elis

Argos

Milet

Halicarnasse

Myra

Catane

Syracuse

NEE

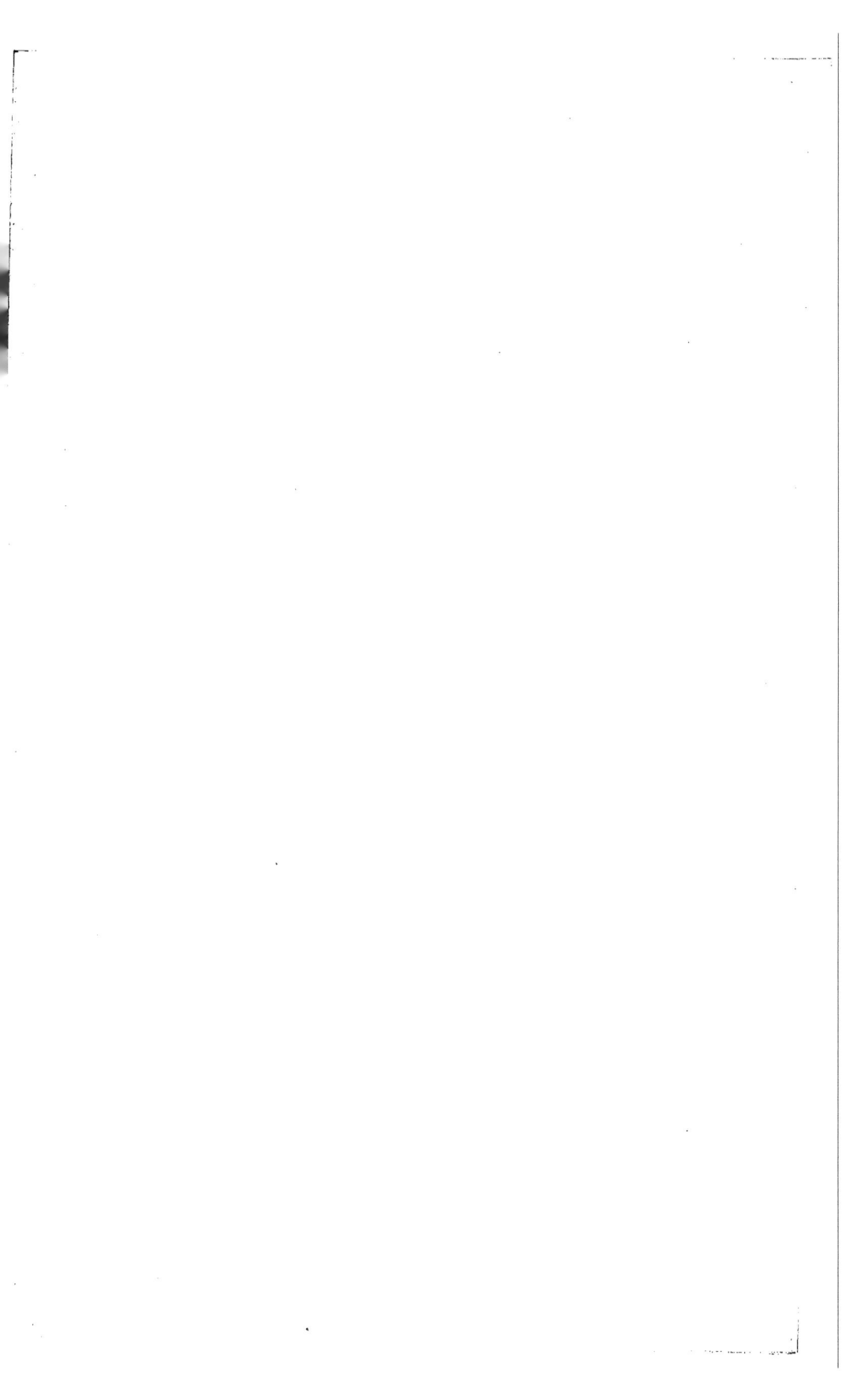

LE KHALIFAT

Petschenègues

(AVARES)

Servie · R. DU BULGARE · Danube

MAGYARES

Albanie

PONT EUXIN

MÉR CA...

Macédoine · Thrace · Constantinople

Thessalie

M.e ASIE

Sinope · Amastris · Paphlagonie · Pont · Trébisonde · Lazique · Géorgie

Cappadoce · ARMÉNIE · MONARCHIE

Lydie · Phrygie · Amorium · Tyane · Mélitène

Carie · Pamphylie · Cilicie · Édesse · AL DJÉZIREH (Mésopotamie) · KORDISTAN · ADER

Lycie · Cypre · Adana · Antioche · Alep · Rakka · Baghdad · IRAK ARABI

Rhodes

Paphos · Antaradus · Émath · Tudmor · R. DE...

Tripoli · Tyr · Damas · Bostra · Mula

Jaffa · Jérusalem

Arados · Mer Morte · Asphaltide

BARCAH · Alexandrie · Péluse · Artath · Cadesie · Bacsora

R. DES FATI... · Marïout · Misr el-Kahi... · Le Caïre · Tabubia

R. DES ROYAUMES

ROYAUME · ARABIE PÉTRÉE

ÉGYPTE ou MISR · M.t Ohod · NEDJED · Hadrat...

Saïd · Médine · Yambo · Khobn · Beder

Assouan · Syene · HEDJAZ · Ismaélites · Dé...

Nubie · Djidda · La Mecque · Taef

Napata · Sakan

YÉMEN · Homérites · Sana · Damar · Mokka · Moussa · Aden

MER ROUGE ou GOLFE D'ARABIE

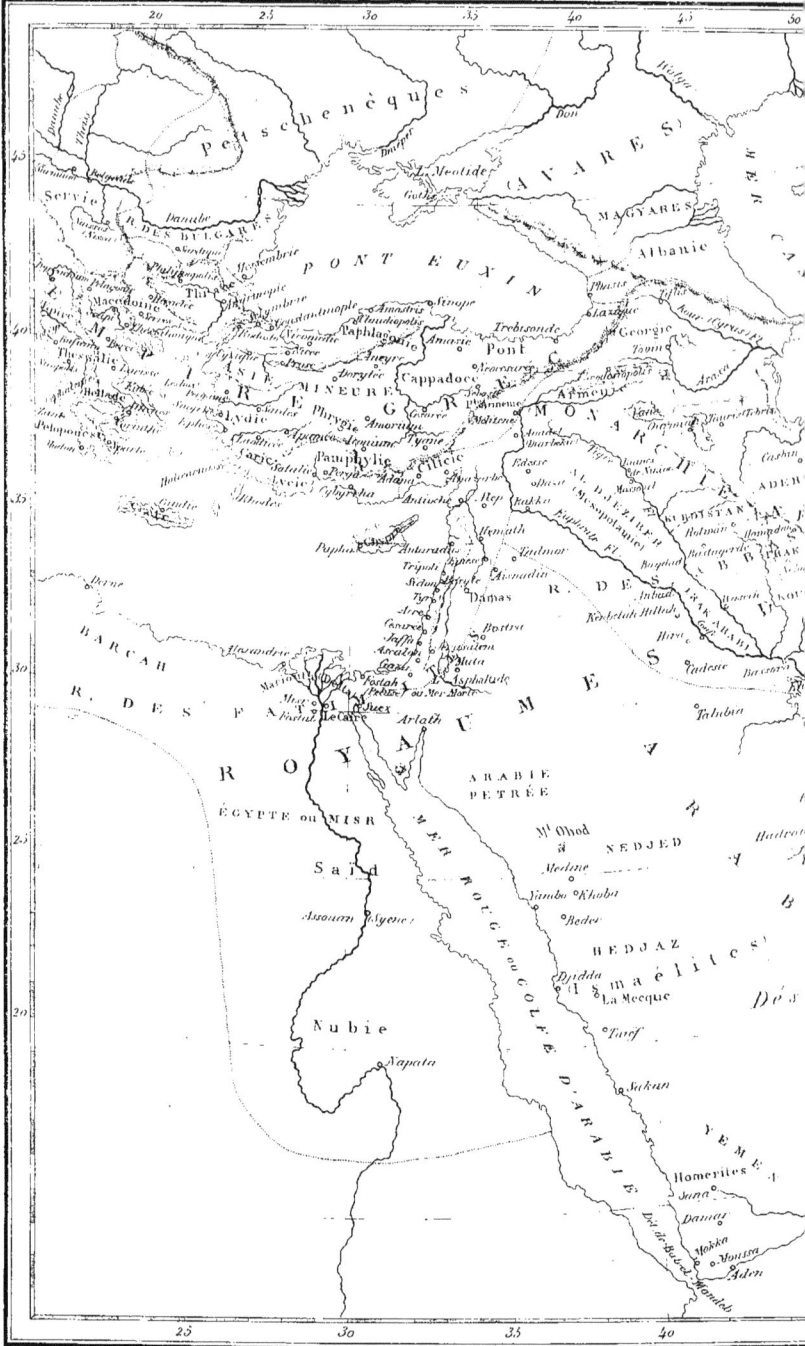

Étab.t Géographique de C. Collon..t frères, Bruxelles

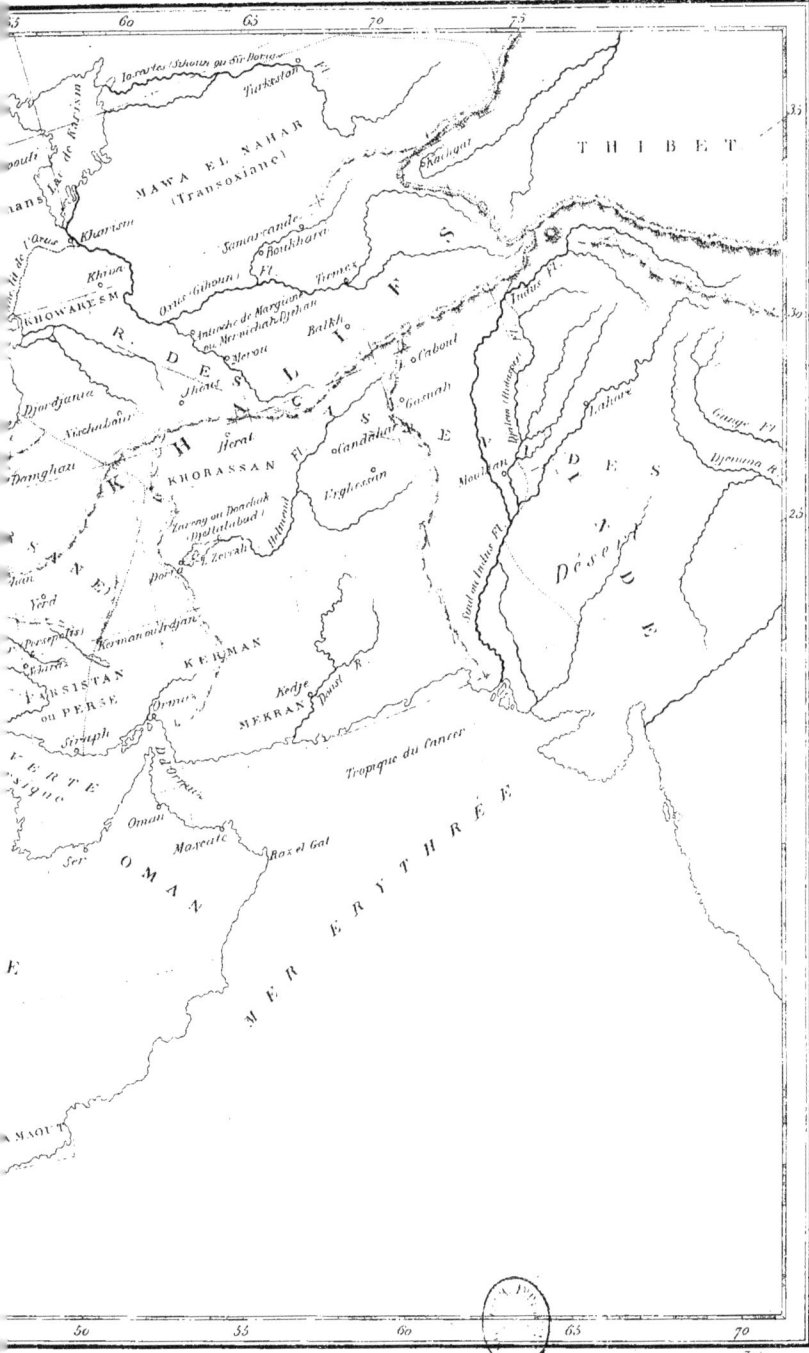

Turkestan Fl.

Les routes (Schoun ou Sir-Daria...

MAWA EL NAHAR
(Transoxiane)

THIBET

Khahgar

Kharism

Samarcande
Boukhara

Khiva
KHOWARESM
Orus (Gihoun) Fl.
Termes

Antioche de Margiane
ou Mer nichah Djihan
Balkh

Indus Fl.

Merou
Cabout

Djordjana
Nischabour
Herat
Ghasnah

Danghan
KHORASSAN Fl.
Candahar
Lahore
Gange Fl.

Zarang ou Bandak
Mestalabad
Zevrah
Urghessan
Moultan
Djemina Fl.

Verd
Dara
Hetmeud
Système (Hindsyber)
Stad ou Indus Fl.
Désert
DES INDES

Persepolis
Kerman ou Kirjan

KERMAN

FARSISTAN
ou PERSE
Siraph
Ormus
Kedje
Paust R.
MEKRAN

Tropique du Cancer

D. d'Ormus

Oman
Mascate
Ras el Gal

OMAN
MER ERYTHRÉE

MAOUT

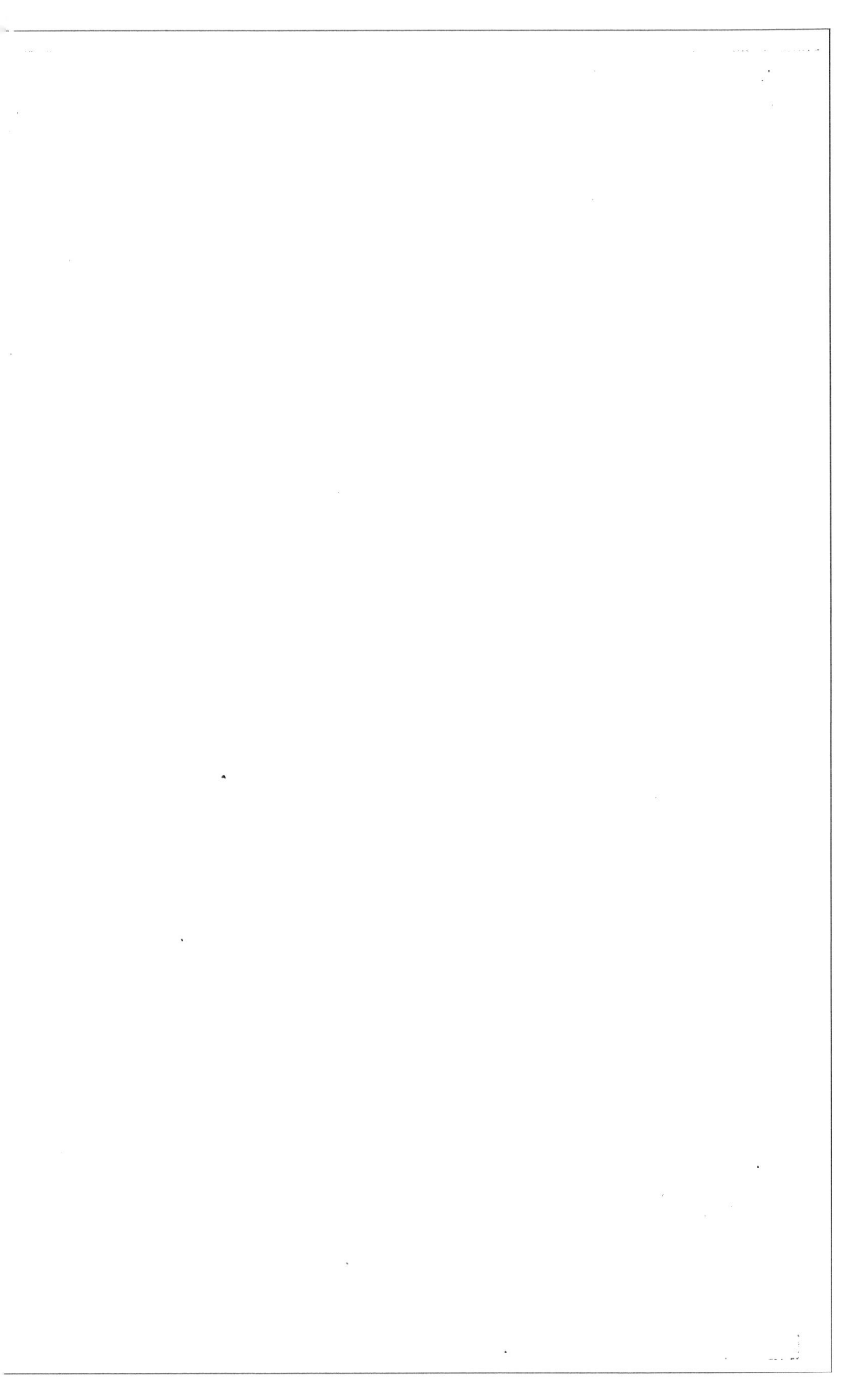

4ᵉ Partie du Cours: chap. IX à XII.

L'OCCIDE

A L'ÉPOQ

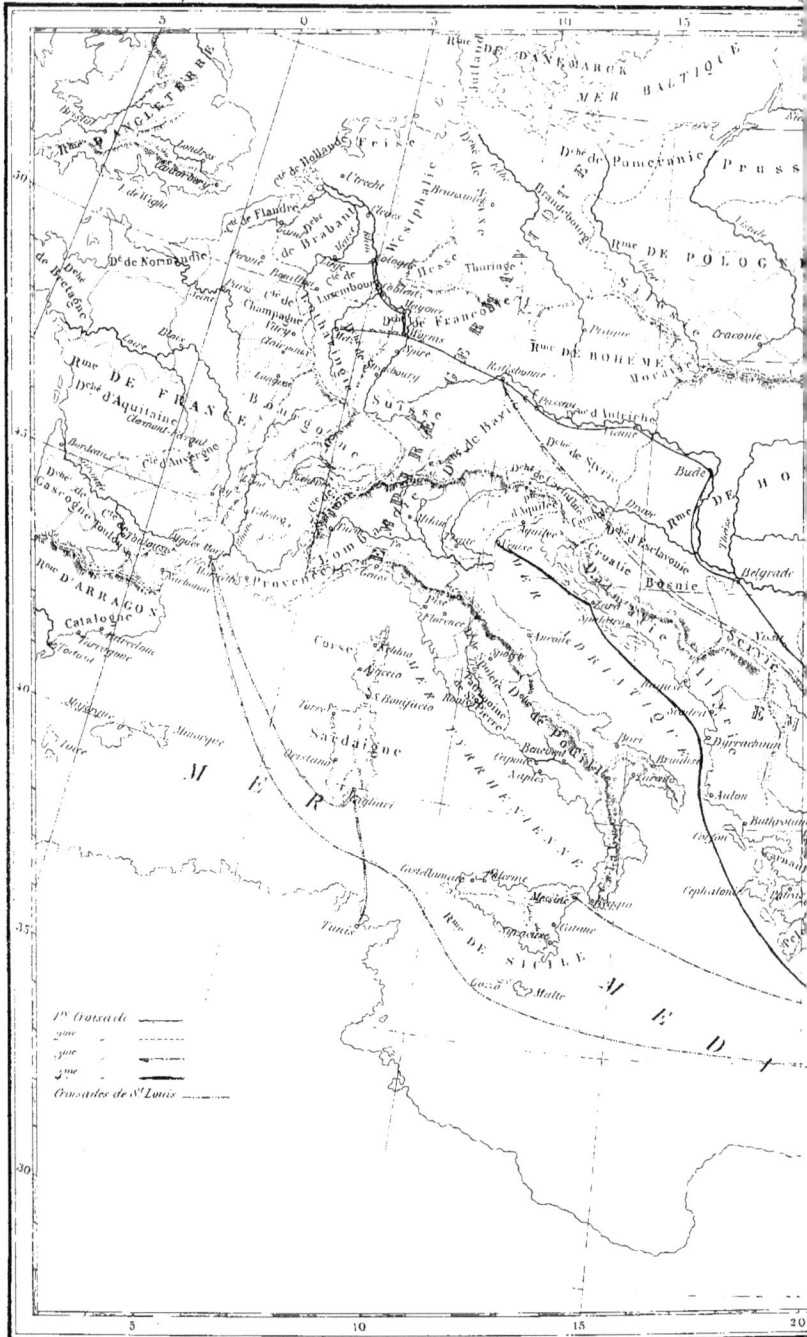

Legend:
- 1ʳᵉ Croisade
- 2ᵐᵉ
- 3ᵐᵉ
- 4ᵐᵉ
- Croisades de St Louis

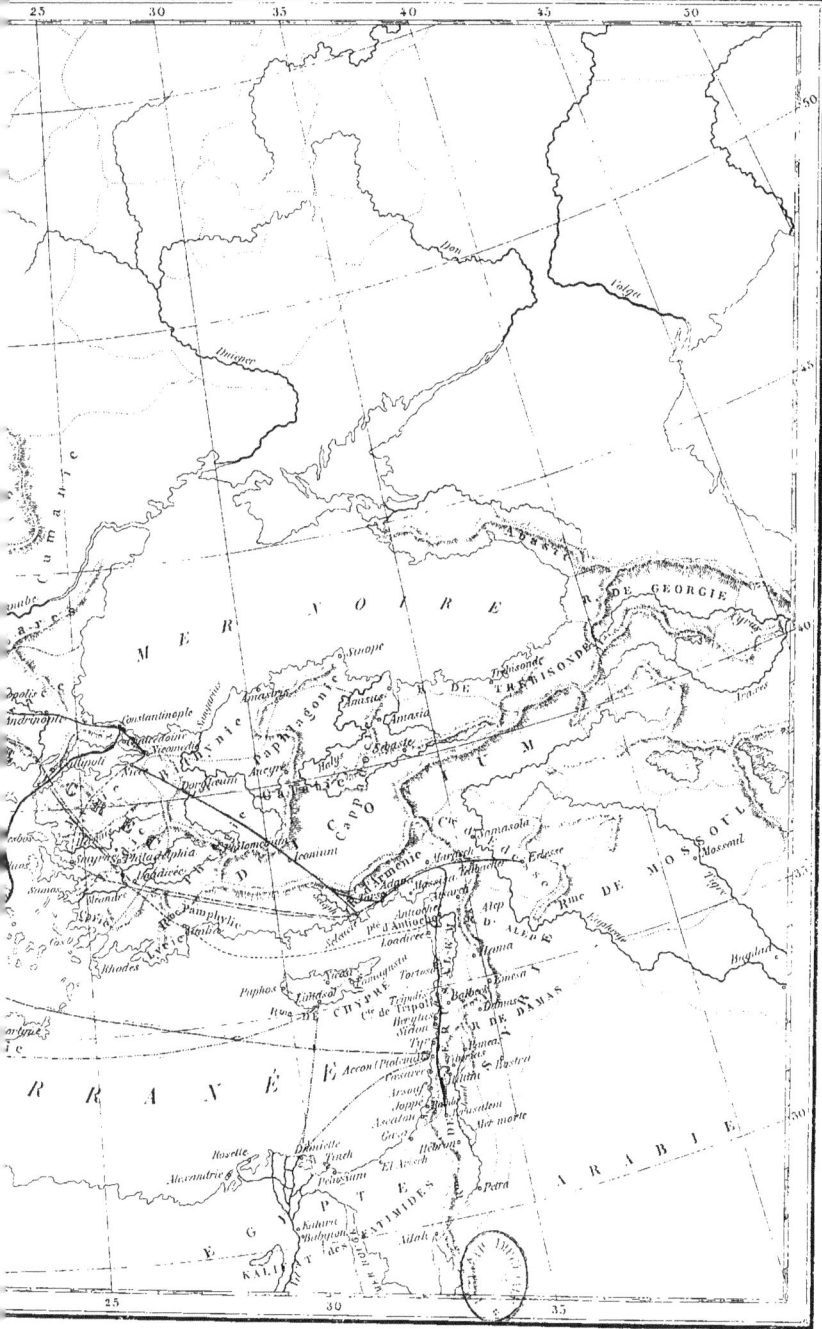

L'ORIENT

CROISADES.

25   30   35   40   45   50

Dnieper

Don

Volga

Dnieper

MER NOIRE

DE GEORGIE

Cyrus

Araxe

MER DE TREBISONDE

Sinope   *Trébisonde*

Amastris   *Amisie*   *Amasia*

Constantinople   *Paphlagonie*

Nicomédie   *Halys*   *Sébaste*

Andrinople

Gallipoli   *Dorylaeum*

CAPPADOCE

CUM

DE MOSSOUL

Mossoul

Tigre

Philadelphie   *Blancheville*   *Iconium*

Laodicée   Arménie   *Marach*   *Edesse*

Césarée   *d'Adana*   *Antioche*

Pamphylie   *Séleucie*   *pie d'Antioche*   ALEP

Alep   *Hama*

Lycie   *Laodicée*

Rhodes   *Tortose*   *Tortosa*   *Emèse*

Bagdad

Paphos   CHYPRE

Cte de Tripoli   *Tripoli*   *Damas*

Berythe   *Sidon*

DE DAMAS

Tyr   *Damas*

Accon (Ptolemais)   *Bostra*

Césarée   *Naplouse*

Arsouf   *Jérusalem*

Joppé   *Rama*

Ascalon   Jérusalem

Gaza   *Mer morte*

Hébron

El Arisch

MÉDITERRANÉE

Roselle   *Damiette*

Alexandrie   *Tineh*   *Peluse*

Pétra

ARABIE

É G Y P T E

FATIMIDES

Kahira   *Babylone*

KALIOUB   *Aidab*

25   30   35

4ᵉ Partie du Cours; chap. XIII à XX

LES ÉT

à la

MER DE DANEMARCK

MER BALTIQUE

ANGLETERRE

Konigsberg

Bristol

Lubeck

Drte de Pomeranie

Duntzig

Prus

Hambourg

Londres

I. de Wight

Frise

Dché de Cté de Hollande

Dché de Sleswig

Brandebourg

Masovie

Utrecht

Dché de Bretagne

Cté de Flandre

Westphalie

Brunswick

Silesie

P O

DE POLOGNE

Cleves

Cracovie

Dché de Normandie

Vermdt

Cté de Brabant

Luxembourg

Hesse

Thuringe

Cté de

Mayence

Prague

Rme DE BOHEME

Paris

Cté de Champagne

Vitry

Cté de

Trèves

Dché de Franconie

Mora

Rme DE FRANCE

Chartres

Dché de Barrois

Spire

Strasbourg

Dché d'Autriche

Regensbonne

Dché d'Aquitaine

Clermont

Auvergne

Suisse

Dché de Baviere

Passau

Vienne

Bordeaux

de Florence

Confédération

Dché de Styrie

Drave

Bude

Cascogne

Cté de

Toulouse

Drte de

Dché de Croatie

Rme de Esclavonie

Rme D'ARRAGON

Narbonne

Provence

Lombardie

Milan

Venise

Carniole

Bosnie

Belgrade

Catalogne

Barcelone

Corse

Florence

Ancône

BRIS

Servie

Nissa

Bastia

Ajaccio

Tortosa

Majorque

Minorque

S. Bonifacio

Sardaigne

Oristano

Cagliari

M   E   R

Buri

Brindisi

Aulon

Budua

Corfou

Gerua

Naples

Cephalonie

M   E   R   M   E   D   I

T   E   R   R   A   N   E   E

Castellamare

Palerme

Messine

Reggio

Rme DE SICILE

Cosa

Malte

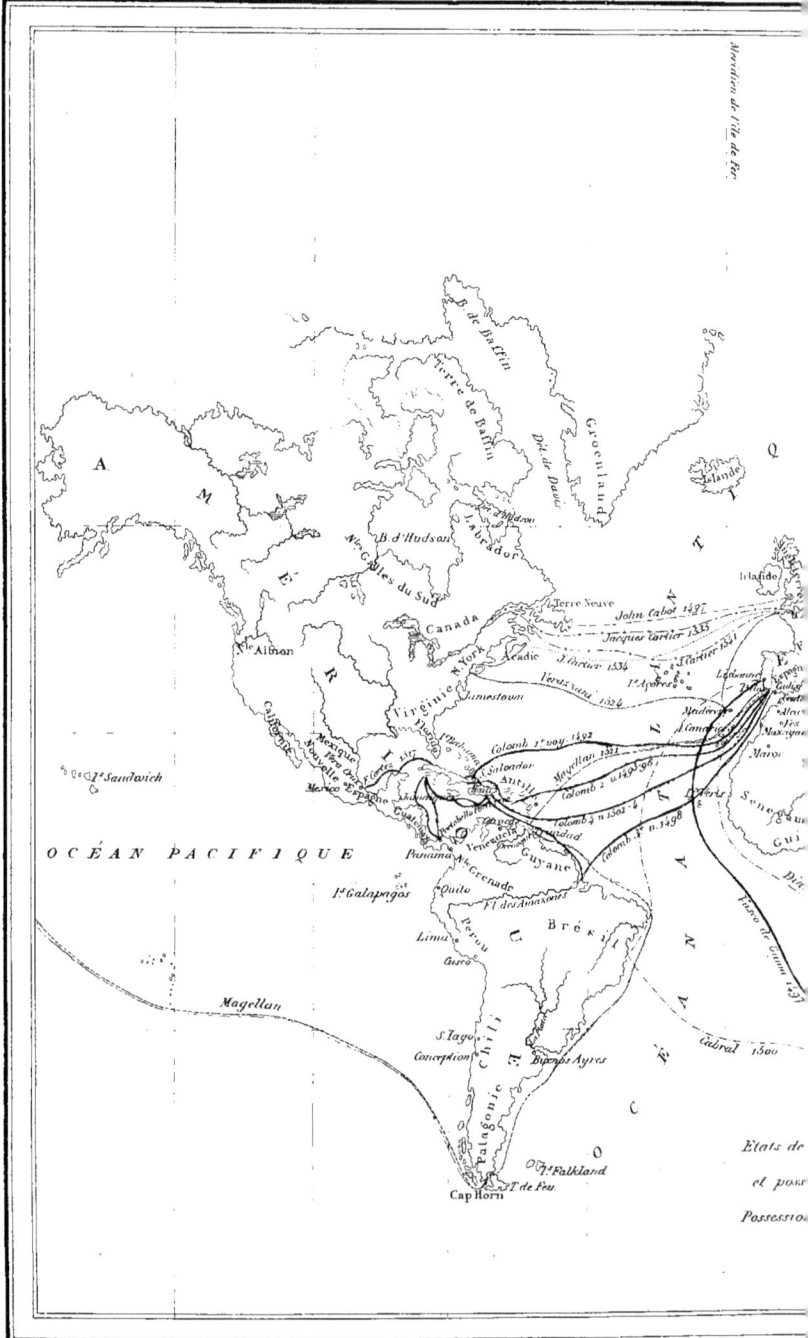

Méridien de l'île de Fer

A

M

E

R

I

Q

U

E

Q

T

Islande

Islande

Dét. de Baffin

Terre de Baffin

Groenland

Dét. de Davis

Labrador

Hudson

B. d'Hudson

N.ᵉˡˡᵉ Galles du Sud

Terre Neuve

John Cabot 1497

Jacques Cartier 1535

Canada

Acadie

J. Cartier 1534

J. Cartier 1541

I.ˢ Açores

I.ᵉ Albion

N.ᵉ York

Lisbonne

Virginie

Jamestown

Verazzani 1524

Madère

L'Amérique

Colomb 1ᵉʳ voy. 1492

Magellan 1521

I.ˢ Canaries

I.ˢ du C.ᵉ Vert

Maroc

Californie

Mexique

N.ᵉˡˡᵉ Espagne

S.ᵗ Côtes 1517

I.ˢ Sandwich

Mexico

Colomb 2 n.1493

Salvador

Antilles

Haïti

S.ᵗ Domingo

Colomb 4 n.1502

Colomb 3 n.1498

Sénégal

Guin

Diar

OCÉAN PACIFIQUE

Panama

N.ᵉˡˡᵉ Grenade

Venezuela

Trinidad

Guyane

I.ˢ Galapagos

Quito

Fl. des Amazones

Lima

Pérou

Cusco

Brésil

Pierre de Quin 1497

Cabral 1500

Magellan

S.ᵗ Iago

Conception

Chili

Buenos Ayres

Patagonie

Falkland

Cap Horn

T. de Feu

O

C

États de

et poss

Possessio

Etabᵗ Géographique de C. Callewaert, frères, Bruxelles.

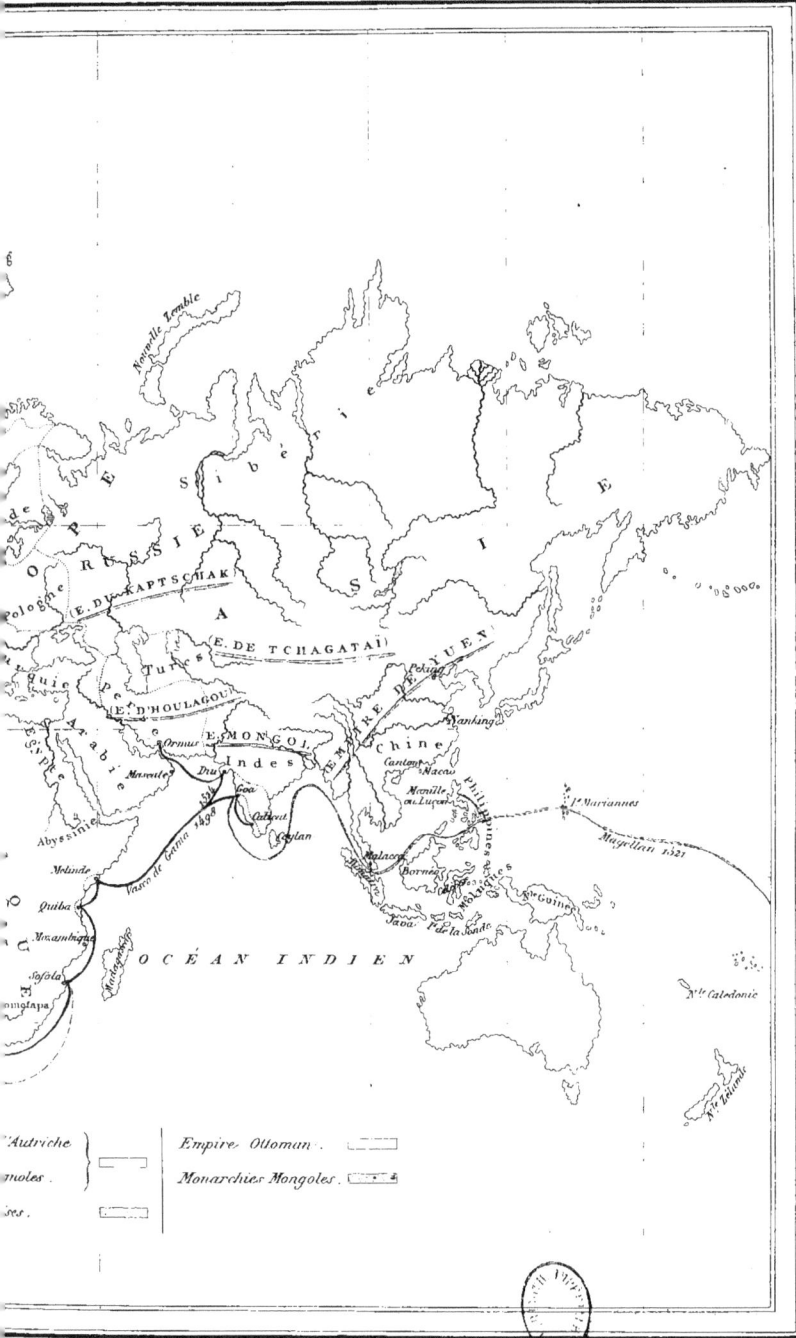

Nouvelle Zemble

E U R O P E

S i b é r i e

O P E

de

O

R U S S I E

A S I E

Pologne

(E. DE KAPTSCHAK

S

guie

Turcs

A

(E. DE TCHAGATAI)

Perse

E. D'HOULAGOU

Arabie

E. MONGOL

EMPIRE DES YUEN

Chine

Pekin

Ormus

Indes

Nanking

Masc.ate

Diu

Canton

Macao

Goa

Calicut

Ceylan

Manille ou Luçon

Philippines

I.s Mariannes

Abyssinie

Vasco de Gama 1498

Magellan 1521

Melinde

Malacca

Quiloa

Bornéo

Moluques

N.le Guinée

O

Mozambique

Java

I. de la Sonde

Sofala

O C É A N   I N D I E N

N.le Calédonie

Monotapa

N.le Zélande

Déposé

www.ingramcontent.com/pod-product-compliance
Lightning Source LLC
LaVergne TN
LVHW052059090426

835512LV00036B/2159